U0111762

大展好書　好書大展
品嘗好書　冠群可期

大展好書 好書大展
品嘗好書 冠群可期

少林功夫⑤

少林護身暗器秘傳

素法　德虔
德炎　德皎　編著

大展出版社有限公司

前 言

›››››››››››››››››››››››››››››››››››

少林寺稀有兵器是歷代高僧和弟子們珍藏秘不外傳的寶貴遺產。爲發揚少林武術，宏揚中華武威，經挖掘整理，參照少林寺古今拳譜和著名武僧貞秋、如淨、貞緒、貞俊、貞方等大師及俗家弟子馬希貢、郭慶方、沙寶玉、郭明堂、徐敏武、劉百川、宋德聚和武術名家王子平、佟中義、馬金標、蘆松高等諸位武林前輩的秘傳口授譜訣，收集編寫成小、巧、短、長、軟等怪兵器（如月牙刀、兩節棍、彈弓、雁翅、護手鉞、草鐮、金剛鑿等），這些不但便於攜帶，而且不引人注意，既可防身，又能對敵作戰，還可作募化用具。

本書在編寫過程中，承蒙河南省登封縣，山東省郯城縣各界有關領導，少林寺方丈德禪，首坐僧素喜和眾僧及武林同行們的大力支持與援助方編著成此書，在此一併致謝。

我們文化水平有限，再加之時間短促，書中難免有不足之處，敬請海內外武林界師友和讀者們，多多批評指正。

編著者

目　錄

▶▶▶▶▶▶▶▶▶▶▶▶▶▶▶▶▶▶▶▶▶▶▶▶▶▶▶▶▶▶▶▶▶▶

　　少林護身暗器，主要是僧人便於攜帶且不易被發現的藏身之物。它們能隨時隨地防身護體，對付外侵，如僧鞋、挎虎籃、佛塵、鐵笛、雙鉢、竹筷、山河帶、子午丁、截木針、飛鏢刀、飛鏢、奪命釬等均是。少林護身暗器不僅小巧玲瓏，而且使用起來也很方便。可以抵擋長短兵器，也可衝殺對敵；更可以懲罰惡歹之徒。如遇敵人逃遁，還可以發打射出，懲治凶犯。

一、少林僧鞋

（一）少林僧鞋簡介

　　僧鞋是僧人腳上穿的鞋子，原傳於濟顛長老，後傳入少林寺，歷代僧眾用來練習護體防身，抵抗外侵兵器的襲擊，經明代了改、慶志；清代靜紹、靜修、真靈、如淨、如修等高僧精心研練，共有64招，流傳至今。

　　少林僧鞋是兩用武器，平時可穿著走路，如遇盜賊攔路，可隨手脫下擋遮敵人兵器，也可擊打頭部要害處，是得心應手的護身奇寶。

　　少林僧鞋的技法主要有劈、撥、搧、撩、架、甩、挑、點、掃、滑等。

如淨法師曰：

> 敵人來在我身旁，手舉利器猛又剛。
> 脫下一雙破僧鞋，遮前擋後把敵防。
> 躥跳蹦蹤快如電，專打敵頭兩腮幫。
> 任你敵人武藝好，難免敗陣跌當場。

1. 歌　訣

> 小小僧鞋正一雙，濟顛長老招法強。
> 雙手使開破僧鞋，上下翻飛無抵擋。
> 能遮單刀和利劍，能防棍棒和花槍。
> 不怕強敵氣力強，擅使柔軟克硬剛。
> 不怕對手器械長，蹦蹤跳躍敵難防。
> 跳到敵後擊後腦，蹦到敵前擊撩襠。
> 蹤到左邊打敵肋，躍到右邊扇太陽。
> 躥到高處打頭頂，下打兩臁膝蓋旁。
> 任你高手武藝好，累的冒汗心發慌。
> 打過八八六十四，強敵跪地要投降。
> 穩打穩戰打敵手，快打閃電扇腮膀。
> 任你高手武藝好，出外募化應用強。
> 平時助僧趕路快，急時防身用當場。

2. 動作順序

　　起勢、童子拜觀音、鐵羅漢把門、銅金剛伏虎、李鐵拐下山、力士扒打手、張果老騎驢、韓湘子吹笛、漢鍾離擺扇、藍彩和挎籃、何仙姑雙飛、大仙翁搖擺、呂純陽點劍、曹國舅敲板、回身劈妖邪、進步劈妖邪、追妖入洞穴、彎弓

圖1　　　　　　　　　圖2

射猛虎、上步架七星、回身架七星、猛虎跳山澗、羅漢坐馬椿、飛身劈連環、樊梨花甩袖、金剛掌拍鼓、仙童斜敲鑼、單風貫耳門、架打通臂掌、收招歸原路。

（二）少林僧鞋套路圖解

起　勢

足立八字，身胸挺直，兩手抓鞋緊貼兩大腿外側，鞋尖向下，鞋口向前，目視前方。（圖1）

1. 童子拜觀音

左腳向左跨半步，落地為軸，體左轉90度，提右膝成獨立勢，同時雙手抓鞋，前穿於身前，右鞋在上，高翹過頂，鞋尖向前，鞋口斜向上，左鞋在下高於腰部，鞋尖向前，鞋口向上，目視前方。（圖2）

【實用】：敵向我迎面攻來，我右鞋點擊敵人面門，左鞋穿擊敵人胸腹，兩處進攻，擊敗對方。

鞋譜曰：

強敵攻在我面前，手使僧鞋急迎戰。

這隻僧鞋穿敵胸，那隻僧鞋點敵面。

上下兩處進攻緊，敵人敗陣去逃竄。

2. 鐵羅漢把門

圖3

右腳前落，左腳前上成右弓步，同時左鞋前穿，高於肩部，鞋尖向前，鞋口向上，右鞋甩於右後下側，高於膝平，鞋尖斜向後，鞋口向上，目視右前方。（圖3）

【實用】敵想逃脫，我雙鞋弓步攔住去路，緊把門戶，敵人無法脫逃。

鞋譜曰：

敵人敗陣想逃躥，斜身展翅把路攔。

雙鞋展開把門戶，強敵想逃難上難。

嵩山少林學藝業，羅漢守門技驚天。

3. 銅金剛伏虎

右腳尖外旋，向右轉體90度，成右弓步，同時左鞋由左向襠前右下側斜劈，鞋尖斜向下，鞋口斜向右，右鞋由右

圖4

圖5

向上舉於頭上右側，鞋尖向上，鞋口向左，目視左前方。
（圖4）

【實用】：敵人被擊倒後，單臂按壓敵人，另一鞋舉起
準備砸擊敵方。

鞋譜曰：

　　敵人倒在地當中，單臂用力壓流平。

　　舉起僧鞋整一只，準備對敵下無情。

　　強敵被按心害怕，苦苦哀求放逃生。

4. 李鐵拐下山

兩腳為軸，體左轉90度，提左膝成獨立勢，同時雙鞋
隨身勢旋轉，由右向左上下環半弧前後展開，右鞋在前高於
頭部，左鞋在後高於肩部，兩鞋尖向外，鞋口向上，目視右
鞋。（圖5）

【實用】：敵來攻我，急提膝擊敵小腹，上用僧鞋掃擊
敵頭面，擊退強敵。

圖6　　　　　　　　　　圖7

鞋譜曰：

　　對手攻在我身邊，轉身調背不容緩。

　　提膝直抵敵小腹，單臂擺鞋掃頭面。

　　上下進攻敵難躲，回頭敗走一溜煙。

5. 力士扒打手

　　左腳前落，右腳跟微前移成左弓步，同時右鞋在前方下扒拍擊，鞋尖向前，鞋口向上，左鞋由後向上斜展於頭後右側，鞋尖向上，鞋口斜向右，目視前方（圖6）。右腳前上一步，左腳扒地抬起成扒沙步，同時左鞋由上向前猛力扒拍，鞋尖向前，鞋口向上，右鞋由前向後環弧，後展於頭上右側，鞋尖向上，鞋口斜向前，目視前方（圖7）；左腳前上一步，右腳扒地右起，成扒沙步，同時右鞋由上向前猛力扒拍，鞋尖向前，鞋口向上，左鞋由前向後環弧，展於左右上側，鞋尖斜向後，鞋口斜向上，目視前方。（圖8）

　　【實用】：敵來圍困我時，用前鞋扒拍敵人，後鞋甩擺

圖8   圖9

撥打敵人，腳下扒沙土迷敵眼目，左右前後，上下翻飛，使敵人無法伸手，難近我身，有的怕受擊者，則逃遁而去。

鞋譜曰：

一雙僧鞋威力強，前後左右護八方。

下走羅漢扒沙土，倒起塵沙後飛揚。

飛沙迷目鞋打臉，強敵害怕心發慌。

6. 張果老騎驢

左腳為軸，向右轉體225度，右腳在左腳後內側下落成馬步，同時雙鞋隨身勢右轉，外展於左右兩側，高於頭部，鞋尖向外，鞋口斜向上，目視前方。（圖9）

【實用】：敵從側方擊來，用雙鞋展開點擊敵面門，馬步站穩以防禦敵人摸打進擊。

鞋譜曰：

馬步雙展鞋一雙，果老騎驢坐馬樁。

任你強敵橫擊打，兩腿生根似鐵樑。

13

圖 10　　　　　　　　　　圖 11

　　雙鞋兩側猛一抖，對手仰面跌當場。

7. 韓湘子吹笛

　　兩腳碾地，向左轉體135度，成高歇步，同時右鞋上架於頭上右側，鞋尖向左，鞋口向下，左鞋屈肘收護於左腮前側，鞋尖向上，鞋口向外，目視前方。（圖10）

　　【實用】：敵來攻我，縮身防護，閃避鋒芒襲擊，是防守之妙法。

　　鞋譜曰：

　　　　強敵進攻似風狂，縮身如鼠坐下方。

　　　　閃身避開鋒利器，單鞋緊護胸腮旁。

　　　　上遮日月鞋兆頂，強敵無法把俺傷。

8. 漢鍾離擺扇

　　兩腳為軸，體向右轉90度，成左弓步，同時左鞋由後向前擺擊，鞋尖向前，鞋口向上，高於頭部，右鞋屈肘收護

於右後外側，鞋尖向上，鞋口向後，目視前方。（圖11）

【實用】：敵來擊我，用一鞋外撥，另一鞋搧擊敵耳門，擊退強敵。

鞋譜曰：

敵人攻在我面前，單鞋撥開架一邊。

鍾離擺扇只一掃，單風貫敵耳輪間。

對手怕擊心膽怯，敗走逃跑一溜煙。

9. 藍彩和挎籃

右腳前上成右弓步，同時右鞋由後向前下方屈肘內挎於右肋前側，鞋尖向裡，鞋口向上，左鞋屈肘後抬於左後側，鞋尖斜向前，鞋口斜向上，目視前方。（圖12）

【實用】：敵來攻擊，用一鞋劈敵小臂和手

圖12

15

腕，用肘尖抵擊敵人胸肋部，敵如兩邊進攻，我雙肘上提，撐擊敵胸肘，擊敗敵方。

鞋譜曰：

敵人前邊把手探，單鞋如刀劈下邊。

前鞋斬砍敵臂腕，抬肘抵擊胸肋間。

如若雙方敵來到，兩肘撐敵倒下盤。

圖13　　　　　　　　　　圖14

10. 何仙姑雙飛

右腳為軸，左腳提起，向右轉體180度，成獨立步，同時雙鞋隨身勢向前後兩側展開，鞋尖向外，鞋口斜向上，兩鞋高於肩部，目視前方。（圖13）

【實用】：敵人前後雙攻，我轉身提腿擺踢敵人膝蓋，雙鞋直臂外展，點擊兩方來敵，解開前後之圍。

鞋譜曰：

敵人前後雙挾攻，轉身抬腳向後蹬。

雙鞋前後猛一展，直點兩方致敵命。

仙姑紫燕雙飛起，兩處敵人無影蹤。

11. 大仙翁搖擺

左腳前方一步下落，右腳扒地抬起，同時雙鞋向上下前後環弧掄轉，左鞋前穿於胸前，鞋尖向前，鞋口向上，右鞋展於右後上側，鞋尖向後，鞋口向上，目視前方。（圖

圖15　　　　　　圖16

14）

右腳在前方一步下落，左腳扒地抬起，同時雙鞋上下前後環弧掄轉，右鞋前穿於胸前，鞋尖向前，鞋口向上，左鞋展於左右上側，鞋尖向上，鞋口斜向前，目視前方。（圖15）

左腳向前一步下落，右腳扒地抬起，同時雙鞋上下前後環弧掄轉，左鞋前穿於胸前方，鞋尖向前，鞋口向上，右鞋展於右後上側，鞋尖向後，鞋口向上，目視前方。（圖16）

【實用】：如被困在敵方陣中，兩鞋前後上下翻飛，撥打敵人，雙腳扒起沙土，迷封敵目，突圍衝擊敵陣。

鞋譜曰：

　　　　將身衝進敵陣中，四面八方不透風。

　　　　雙鞋走開雄威抖，上下翻飛似輪行。

　　　　撥風扒打塵煙起，衝開群敵永得勝。

圖 17   圖 18

12. 呂純陽點劍

左腳向前踮步站立，右腳上抬成獨立勢，身向前探，左鞋用力向前點穿，鞋尖向前，鞋口向上，右鞋前架於頭右上側，鞋尖斜向前，鞋口斜向上，目視前方。（圖 17）

【實用】：敵來攻擊，急搶步近身，點敵面門，挫敗敵人銳氣，一招取勝，是強攻急進法。

鞋譜曰：

敵人前面來進攻，單鞋點敵迎面衝。

上鞋防護在頂門，快如閃電似流星。

對手受擊迎面倒，哀告投降跪地平。

13. 曹國舅敲板

右腳在前方一步下落，左腳跟上抬，腳尖點地，同時雙鞋隨身勢環弧，上舉於頭上前方，兩鞋尖斜向上，鞋口斜相對，目視前方。（圖 18）

【實用】敵來襲擊，我雙鞋撥開來勢，急攻敵人雙耳部，擊退敵人，是防攻兼備之法。

鞋譜曰：

敵方向前猛又凶，雙鞋撥敵急反攻。

下撥上反君需記，雙風貫耳招法精。

國舅敲打陰陽板，敵人跌倒地川平。

14. 回身劈妖邪

兩腳為軸，左轉體180度，成左弓步，同時雙鞋由後上方向前下拍，右鞋拍於前方，高於肩部，鞋尖向前，鞋口向上，左鞋屈肘收護於左膝蓋上方，鞋尖向前，鞋口向上，目視前方。（圖19）

圖19

【實用】：背後攻來敵人，我轉身用鞋下壓來勢，另一鞋猛劈敵頭肩，使敵栽倒敗陣。

鞋譜曰：

背後敵手偷襲擊，展轉翻身似箭急。

一鞋鎮壓敵來勢，一鞋壓頂向下劈。

對手力量難支撐，斜身跌倒躺在地。

15. 進步劈妖邪

上右腳，成右弓步，同時左鞋由後向上環弧，猛力劈向前方，高於肩部，鞋尖向前，鞋口向上，右屈鞋肘收護於右

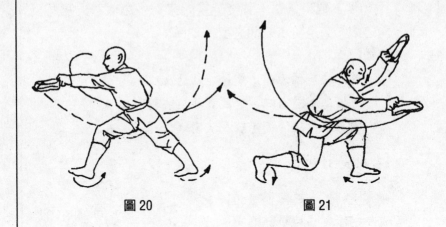

圖 20　　　　　　　　圖 21

肋外側，鞋尖向前，鞋口向上，目視前方。（圖 20）

【實用】：敵人後退欲逃，急進步用力劈擊敵頭，使敵沒有還手之機，一敗塗地。

鞋譜曰：

　　敵人不敢想逃脫，搶身進步緊跟著。

　　單手舉鞋向下劈，力劈華山向下落。

　　任你對手刁又滑，心慌意亂無處躲。

16. 追妖入洞穴

兩腳碾地，向左轉體 180 度成跪步，身向前探，同時兩鞋隨身勢，由右向左甩擊，左鞋甩架於頭前上方，鞋尖斜向上，鞋口斜向後，右鞋甩擊於身前方，鞋尖向前，鞋口向上，目視前方。（圖 21）

兩腳碾地，向右轉體 180 度成跪步，同時兩鞋隨身勢由左向右甩擊，右鞋甩架於頭右上側，鞋尖向上，鞋口斜向後，左鞋甩擊於身前，鞋尖向前，鞋口向上，目視前方。

圖 22　　　　　　　　圖 23

（圖22）

【實用】：兩側來敵向我挾攻，我左右甩擊敵人下側膝蓋和軟肋，擊退敵人。

鞋譜曰：

　　敵人兩側來進攻，雙鞋左右似刮風。

　　這邊劈斷敵小腿，那邊扇碎敵骨髓。

　　上打軟肋疼難忍，強敵受傷敗下風。

17. 彎弓射猛虎

兩腳碾地，體左轉180度成左弓步，身體向前傾斜左扭，同時雙鞋隨身勢，由右向左猛力甩擊於頭上斜前方，兩鞋尖斜向前，鞋口斜向上，目視左側。（圖23）

【實用】：敵從背後襲來，我轉身調背，雙鞋猛力搧擊敵臉面，擊敵不備。

鞋譜曰：

　　前後敵人來暗算，轉身調臂快如電。

圖 24   圖 25

雙鞋猛甩如打閃，直奔敵面用力扇。

敵人難招心害怕，回頭敗走一溜煙。

22

18. 上步架七星

抬右腳落於左腳前半步，左腳跟離地，兩腿屈膝下蹲成斜丁步，同時左鞋環弧橫掃於右腋下，鞋尖斜向前，鞋口向上，右鞋環弧上架於右側斜前上方，鞋尖斜向上，鞋口斜向後，目視前方。（圖 24）

19. 回身架七星

上左腳落於右腳前半步，兩腳為軸，向右轉體 90 度成斜丁步，同時雙鞋隨身勢環弧，由右向左橫擺於左側，右鞋護於左肋外側，左鞋斜展於左側上方，兩鞋尖向左，鞋口斜向上，目視右側。（圖 25）

【實用】：左右七星的主要用法，是一鞋上架敵人來勢，一鞋掃擊敵人肋骨，也可以上鞋掃擊敵面，下鞋掃擊敵胸肋，也可以上鞋護頭，下鞋護胸肋，是防攻兼備之法。

鞋譜曰：

> 左右七星妙法玄，下打敵肋上打面。
>
> 上防對手來襲擊，下邊掃擊敵肋間。
>
> 上下防守敵難近，僧鞋妙法數濟顯。

20. 猛虎跳山澗

雙腳跳起，向右轉體 180 度，落地成仆步，同時雙鞋隨身勢由上向身前猛力劈擊，右鞋屈肘護側前，左鞋護於左腿前上側，兩鞋尖向左，鞋口向上，目視左側。（圖 26）

圖 26

【實用】：敵在身後下方攻來，我猛跳起閃過，兩鞋直壓敵頭，按撲在地，此勢又叫翻身伏虎。

鞋譜曰：

> 身後下方敵來招，跳步翻身向下撈。
>
> 雙鞋平空向下打，撲地打虎猛力敲。
>
> 任你對手力量猛，防而不被地下倒。

21. 羅漢坐馬樁

起身，兩腳踮跳換步，向左轉體 180 度成馬步，同時兩鞋隨身勢環弧，劈於右側方，右鞋在外，左鞋在裡，兩鞋尖向右，鞋口向上，目視右前方。（圖 27）

23

圖 27   圖 28

【實用】：敵想橫擊我，急擰身用雙鞋連環劈擊，緊逼
對手刻不容緩。

鞋譜曰：

強敵橫擊力量強，雙足跪步坐馬樁。

雙鞋蓋頂劈頭打，泰山壓頂砸下方。

對手總有千合勇，難撐佛門鞋一雙。

22. 飛身劈連環

兩腳跳起，向左轉體 315 度，落地成右弓步，同時雙鞋
隨身環弧，劈於前方，兩鞋尖向前，鞋口向上，目視前方。
（圖 28）

兩腳跳起，體向左轉 360 度，兩腳落地變成高仆步，同
時雙鞋隨身勢環弧，劈於前方，兩鞋尖向前，鞋口向上，目
視兩鞋。（圖 29）

【實用】：敵人不抵欲逃，我連環急進，劈擊敵人，敵
如再退，我再繼續前進趕劈對方。

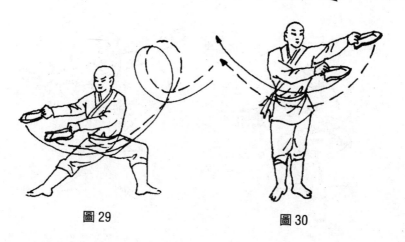

圖29　　　　　　　　圖30

鞋譜曰：

敵人力弱難抵擋，調步回身奔他鄉。

跳步翻身急進步，雙鞋連環劈下方。

祖師傳授僧鞋法，劈倒對手栽當場。

23. 樊梨花甩袖

兩腳碾地左轉 45 度，右腳向左腳併步，八字站立，同時雙鞋由右向左環弧，甩擺於左側方，左鞋高於頭部，右鞋高於肋部，兩鞋尖向左，鞋口向上，目視左前方。（圖30）

兩腳原地不動，雙鞋由左向右甩擺於右側方，右鞋高於肩部，左鞋高於肋部，兩鞋尖向右，鞋口向上，目視右前方。（圖31）

圖31

圖32   圖33

【實用】：敵從側方攻來，我雙鞋向側方甩擊敵人胸肋
和面門，或者架開敵來勢，急速點擊敵胸肋和頭部各穴。

鞋譜曰：

　　側邊對方用手抓，雙鞋用力急棚架。

　　架開敵勢急回轉，直奔敵頭和肋下。

　　強敵重上佛家寶，仰面朝天躺地下。

24. 金剛掌拍鼓

兩腳碾地，向左轉體 90 度，抬右腳與左腳併步，屈膝
下蹲，同時雙鞋由後向上，再猛力向前下拍擊，雙鞋尖向
前，鞋口向上，目視雙鞋。（圖32）

【實用】：側邊下方踢來敵腳，我轉身雙鞋拍擊敵膝
蓋，或者敵足面，敵如抱我腿，我雙鞋拍擊敵頭或背部。

鞋譜曰：

　　敵人側邊把我踢，轉身雙鞋向下劈。

　　擊準膝蓋和腳面，致敵仰面倒躺地。

敵若抱腿拍頭面，更加猛力砸背脊。

25. 仙童斜敲鑼

左腳上半步，右腳後移，兩腳為軸，向右轉體90度，同時右鞋由左向右上方斜拍，鞋尖斜向上，鞋口斜向左，左鞋上展於左側，鞋尖斜向左，鞋口斜向上，目視右側。（圖33）

【實用】：右側來敵，我轉身用鞋拍擊敵面門，擊退對方，解我之危。

鞋譜曰：

> 右側敵手來的快，一心想把我損害。
> 轉身敲鑼只一拍，擊準對方頭面歪。
> 輕者敵面開紅花，重者斜身地下栽。

26. 單風貫耳門

兩腳為軸，體左轉90度，成左弓步，同時右鞋由後向下經右側環半弧，擺擊於前方，鞋尖向前，鞋口向上，左鞋屈肘護於左肋外前側，鞋尖向前，鞋口向上，目視右鞋。（圖34）

【實用】：敵從左側來，我用左鞋撥擊敵勢，用右鞋猛力擺擊敵人左耳部，擊退敵方。

圖34

圖 35　　　　　　　圖 36

鞋譜曰：

　　敵從左側攻進來，右鞋撥打一邊排。

　　左鞋順手甩過去，直奔對方耳和腮。

　　跟師學會僧鞋法，大羅金仙難避災。

27. 架打通臂掌

　　兩腳不動，右鞋由前向上架於頭上方，鞋尖斜向上，鞋口斜向右，左鞋向前穿擊，鞋尖斜向上，鞋口斜向後，目視右前方。（圖35）

　　【實用】：敵迎面打我，用一鞋上架敵來勢，另一鞋穿擊敵前胸和咽喉，重擊對方敗陣。

　　鞋譜曰：

　　對手攻來勇，一鞋架在空。

　　另鞋一使勁，穿擊點敵胸。

　　重擊咽喉處，危急性命傾。

28. 收招歸原路

兩腳為軸，體右轉 90 度，右腳與左腳併攏，八字站立，身胸挺直，兩鞋收護於兩大腿外側，鞋尖向下，鞋口向前，目視前方。（圖 36）

鞋譜曰：

僧鞋之法妙又奇，佛門隨身世間稀。

長槍短劍也能擋，不怕斧剁和刀劈。

總有群敵眾多廣，萬夫之勇也難抵。

武林高手吳樹美講：

僧鞋招法是秘傳，佛門祖庭傳在先。

閒時助僧快趕路，急時護僧可應戰。

點重敵手勝利箭，劈擊強敵似砍刀。

別看弟子僧鞋小，成名武士敗當前。

二、少林挎虎籃

（一）少林挎虎籃簡介

在神話故事八仙的傳說中，藍彩和使用花籃。籃子是民間常用之物，由竹木條編成，僧人可用它採藥上山，也可用於裝募化物品。宋代少林寺福居方丈，把它當作武器，教寺僧研練，籃用鐵條編成，經元代子安；明代本整、周福、普便、宗鄉、玄敬、祖欽；清代清蓮、清真、清倫、靜紹、靜修、真珠、真靈、真雲、如淨、如修等高僧精心苦練，由元代的18招，增至清末的64招，流傳至今。

少林挎虎籃是兩手的器具，能挎盛各種東西，雲遊八方。在外可以防身自衛，如遇攔路賊盜，可以抵擋驅趕，並可遮擋利器和暗器的襲擊，是常人不易注意的護身奇寶之一。

少林挎虎籃的技法主要有：扣、提、架、撥、挑、撩、甩、擺、磕、擋、掛、鉤、頂、劈等。

如淨法師曰：

　　小小花籃提手間，雲遊天下樂無邊。

　　如遇歹徒攔路賊，當時懲治不犯難。

　　敵來長槍也能擋，短小暗器也不沾。

　　路見不平發慈悲，普救群生變良善。

著名武術家王子平老師曰：

　　小小花籃佛門傳，玄動妙法有萬變。

　　用到輕處輕似刃，用到重處重如山。

弟子練習玄妙法，防身護體應實戰。

1. 歌訣

小小少林拷虎籃，內裡玄機說不全。

授給弟子隨身帶，遇到危險用方便。

向下一扣蓋敵頭，向上一提撩胸前。

左右橫擊敵兩肋，敵來進攻擋在前。

上邊來勢用棚架，左右來勢磕一邊。

如遇對手用腳踢，用力一提敵腿懸。

長大兵器也不怕，短小兵器更不沾。

飛來暗器把我傷，單手一揚開半邊。

四面八方敵來困，遮前擋後不費難。

平時用來去募化，防止盜賊來侵犯。

祖師贈賜防身寶，雲遊乾坤逛河山。

懲罰惡霸和歹徒，普變眾生濟孝賢。

2. 動作順序

起勢、單鳳展翅、野蟒奔川、插步摘月、海底撈月、海下撈魚、獨立舉幡、上步搖籃、紫燕投林、鷂子翻身、黃龍入海、高柴刮海、霹雷上天、大鵬展翅、仙女散花、魁星抱斗、順風擺柳、腳踢北斗、腿蹬九天、青龍出水、回身接寶、燕子鑽雲、鴻雁落山、仙人指路、霸王送客、彩和過海、青龍盤爪、腿下提寶、金童獻寶、太公釣魚、偷步擺柳、採藥煉丹、轉身敞門、收招歸原。

（二）少林挎虎籃套路圖解

起 勢

足立八字，挺胸抬頭；左手提籃下垂於左大腿外側，右掌緊貼右大腿外側，掌心向內，掌指向下，目視前方。（圖37）

圖37

1. 單鳳展翅

抬左腿成獨立勢，同時右手接提籃把，由左向右外展，籃底向外，高於頭部，左手護於右肩前側，掌心向外，掌指向上，目視前方。（圖38）

【實用】：敵在右側攻來，我急用籃向來敵打去，或者敵來兵器我用籃架開，撥打在一旁，是防攻兼備之法。

圖38

籃譜曰：

貧僧採藥在深山，野獸猛攻在身邊。

單手桶籃猛一頂，抵倒猛獸坐下盤。

別看弟子花籃小，擊敵力量大無邊。

2. 野蟒奔川

左腳向左側跨一步下落，兩腳為軸，向左轉體90度成左弓步，同時右手籃由後向前揣擊，籃底向前下方，左手環弧甩於身後左側，手心向上，手指向後，目視花籃。（圖39）

圖39

【實用】敵來進攻，我單手提籃揣擊敵人胸腹，擊退敵方；前方來兵器，急用籃抵擋，此招是攻防兼備之法。

籃譜曰：

強手攻在腳跟前，一心想把我治殘。

一見來敵心好惱，單手提籃猛一竄。

揣倒敵人跌在地，雙手抱腹哭連天。

3. 插步摘月

上右腳，落於左腳前外側，雙足碾地左轉135度，再抬左腳落於右腳後一步，成倒插步，右籃隨身勢向下，經胸前向左環弧，然後上舉於右後上側，籃底斜向外，左手外展於頭上左前側，掌心斜向前，掌指向上，目視花籃。（圖40）

圖40

圖 41

圖 42

34

【實用】：敵人用腳踢來，我用籃下砸敵腿，反手籃頂擊敵面門，擊退敵人。

籃譜曰：

　　強敵用足向我踢，急用花籃腿上劈。

　　砸下敵腿急反手，直奔敵頭猛力擊。

　　強敵一見心害怕，回頭敗走如箭急。

4. 海底撈月

　　兩腳為軸，向右轉體 45 度，上右腳於左腳前，提左腿成獨立勢，同時右籃由右上方環繞下撩，提撈於右側方，籃底斜向下，左掌收回護於左肋前側，掌心向右，掌指向上，目視右籃。（圖 41）

　　【實用】：敵人向我踢來，我用籃由下向上提撈敵腳，防止敵腳踢擊，或者擒住敵腳，摔倒在地，是防護擒拿之法。

篮譜曰：

> 敵手側邊把腳提，一心要把我來踢。
>
> 單手提起挎虎籃，海底撈月手法急。
>
> 擒住敵腳猛一抖，敵手被擒倒在地。

5. 海下撈魚

右腳蹬跳，向左轉體 180 度，雙足落地成右仆步，同時右籃隨身勢環弧，下撈於右下側，籃底向下，左掌甩撩於側斜上方，掌心向上，掌指斜向左，目視右前方。（圖 42）

【實用】：右後側敵來踢來，急翻身用籃撈起敵腳撐翻在地，或者用籃砸擊敵膝蓋，擊退敵人。

篮譜曰：

> 身後野狼向我撲，翻身花籃向下呼。
>
> 輕者拿敵撐在地，重者傷筋和碎骨。
>
> 小小籃兒威力大，全身上下都防護。

6. 獨立舉幡

左腳為軸，向右轉體 90 度，提右腳成獨立勢，右籃由前向上架於頭上右側，籃底向上，左手撩於左下前側，目視前方。（圖 43）

【實用】：敵用兵器從上方砸來，我急用花籃向上迎架開敵兵器，免除危急。

圖 43

圖44　　　　　　　圖45

籃譜曰：

　　強敵兵器長丈八，一心一意把我殺。

　　劈頭蓋頂向下打，勢如泰山力量大。

　　手舉籃花猛一架，敵人托兵敗回家。

7. 上步搖籃

　　右腳在前方落地，左腿後蹬成扒沙步，同時右籃和左手上下前後環弧掄轉，右籃掄挑於前方，籃底向前，左手掄展於左後上側，掌心向外，掌指斜向上，目視前方花籃。（圖44）

　　左腳前上一步落地，右腳向後扒起成扒沙步，右籃由前經上向後，擺擊於右後斜上側，籃底斜向後，左掌由後掄撩於前左側，掌心斜向前，掌指向上，目視右後側花籃。（圖45）

　　【實用】：用於突圍所用。如被困時，可以左右撥打驅敵，開路前進無阻，是突飛猛進之法。

籃譜曰：

> 花籃搖擺抖威風，萬馬營中衝一衝。
> 一走羅漢扒沙步，左右翻飛不透風。
> 縱有千軍和萬馬，卻似無人一般同。

8. 紫燕投林

右腳前落，左腳後移半步，成右弓步，同時右籃由後向前衝擊，籃底向前，左掌由前向後外展於左後側方，掌心向外，掌指斜向後，目視花籃。（圖46）

【實用】:是迎面擊敵的猛招。單手籃直擊敵人胸腹或者頭面，再者可擋撥敵人兵器，是防攻兼備之法。

籃譜曰：

> 手舉花籃向前衝，勢如宿鳥穿林中。
> 迎面擊敵頭和胸，能擋對方兵器鋒。
> 弟子學會挎虎籃，雲遊四海膽不驚。

37

9. 鷂子翻身

兩腳為軸，向左轉體180度，抬左膝成獨立勢，同時右籃由後徑下向前甩擺，籃底向前，高於頭頂，左掌徑上外展於身後左側，掌心向外，掌指斜向後，目視花籃。（圖47）

圖46

圖47　　　　　　　　圖48

【實用】：背後敵方撲來，我急翻身用籃甩擊敵頭，敵即忍痛逃跑。

籃譜曰：

敵人背後撲的凶，將身一閃敵撲空。

單手舉籃猛一甩，敵方被掃倒栽蔥。

鷂子翻身絕妙法，重擊對手不脫空。

10. 黄龍入海

左腳前落點地，兩足向前踮跳成跪步，同時右籃隨身勢由上經後環弧揣於前方，籃底斜向前，左掌上展於右上前側，掌心斜向前，掌指斜向外，目視花籃。（圖48）

【實用】：敵從前方來攻，我右籃上加敵勢，然後回手下揣敵方膝蓋，或者擊敵小腹，是防攻兼備之法。

籃譜曰：

前方對手攻來招，跳來急架反手掏。

花籃猛擊敵小腹，搗碎膝蓋敵難逃。

圖 49

圖 50

上防下進君須記，指上打下妙法高。

11. 高柴刮海

上右腳落於左腳前外側，兩腳為軸，向左轉體 180 度，左腳後撤，成右弓步，同時右籃由後向前下方扒提，籃底斜向下，左掌展於頭上左側，掌心斜向下，掌指斜向前，目視前方。（圖 49）

12. 霹雷上天

兩腳跳起，右腳向左上方旋踢，向左轉體 180 度，當全身騰空時，左掌，迅速由左向右拍擊右腳掌內側，右籃上舉於頭上前側，籃底斜向上，目視右腳。（圖 50）

【實用】：敵人用兵器從下方掃來，我跳起閃過，足旋踢敵頭，籃掃擊頭面。

籃譜曰：

敵從下方掃的玄，跳身蹦步把敵閃。

旋轉單足踢敵頭，花籃直掃頭上邊。

防攻並舉如閃電，強敵想勝似登天。

13. 大鵬展翅

左足先落地，右足下落
左足再離地向前上一步，兩
足為軸，向右轉體135度，
左腳跟離地，同時右籃隨身
勢由後向前撩擊，籃底向
前，左掌外展於身後左側，
掌心向外，掌指向上，目視
前方。（圖51）

圖51

40

【實用】：背後來敵向
我襲擊，我回手用籃撩擊敵胸，擊退敵人。

籃譜曰：

背後敵人攻進來，轉身回頭把籃擺。

兩臂一展猛力抖，直擊對方前胸懷。

左掌後展使敵倒，前後敵方難上來。

14. 仙女散花

兩腳為軸，向左轉體45度，抬左腳落於右腳後外側半
步，成高歇步，同時右籃由上向左劃弧，左掌由下向上劃
弧，兩者經胸前交合後，右籃撩於右下側，籃底向下，左掌
屈肘上架於頭上左側，掌心向上，掌指斜向右，目視右側。
（圖52）

【實用】：敵人從邊上或高處攻來，我縮身閃過，急從

圖52   圖53

下盤甩撩橫擊，掃擊敵方膝腿，擊傷對方，使敵敗陣。

籃譜曰：

對方舉棍向我掃，縮身閃過地下找。

仙人栽花猛甩籃，掃擊下盤敵腿挑。

不怕對手刁又滑，若重挎虎難脫逃。

15. 魁星抱斗

兩腳碾地，向左轉體 90 度，抬右腿成獨立勢，同時右籃由後向前猛擊，籃底向前，左掌緊護籃口外側，掌心向內，掌指向前，目視前方。（圖53）

【實用】：敵人來抱我腰，我用籃猛力一揣，頂擊敵人後退，或者防止暗器傷我前胸，用籃遮擋，是防攻並舉之法。

籃譜曰：

對手猛力向我抓，一心想把我拿下。

對手托籃猛一撞，抵倒對手迎面法。

圖 54　　　　　　　　　　圖 55

如果敵人打暗器，一撞花籃退回家。

16. 順風擺柳

右腳落於左腳前外側，兩腳碾地，向左轉體 90 度，抬左腳落於右腳後外側一步，成倒插步，同時右籃隨身勢由上在身前環弧甩擺於右側方，籃底向右，左掌屈肘護於右肩前方，掌心向右，掌指向上，目視右側。（圖 54）

【實用】：敵來攻我側方，我插步近身，用籃架開敵來勢，反身撐進敵面門或者胸肋，進擊敵人，此招是防架急進之法。

籃譜曰：

　　對手猛力向我攻，近身偷步用力撐。

　　上邊架開敵來勢，回手甩擺擒敵胸。

　　對方若重挎虎籃，仰天倒地跌流平。

17. 腳踢北斗

左腳尖內旋，抬右腿向右側方彈踢，同時右籃收護於左肋外側，籃底向左，左掌經下展於頭上左側，掌心向前，掌指向上，目視右前方。（圖55）

圖56

【實用】：敵來腿踢我，急用籃砸擊敵腿，速抬腳踢敵胸腹或軟肋。

籃譜曰：

敵方來腳向我踢，手使花籃猛下劈。

花籃砸擊敵膝蓋，抬起單腿猛彈擊。

彈重敵肋疼難忍，回身敗走如箭急。

18. 腿蹬九天

右腳下落站立，速抬左腿向左側彈踢，同時右籃由左向右，猛力甩擊至右後上側，籃底斜向上，左掌屈肘收護於右肋外側，掌心向外，掌指向上，目視左前方。（圖56）

【實用】右籃開出右側敵人，起腳彈踢左側來敵，兩側防護並還擊對手。

籃譜曰：

花籃回手猛甩動，右腳落地左腳蹬。

右籃擺動難敵進，左腳踢出敵難撐。

嵩山學下驚人藝，防身護體得安寧。

圖57　　　　　　　圖58

19. 青龍出水

左腳落地為軸，體左轉90度，右腳離地後抬，同時右籃由後經胸部向前猛力揣去。籃底向前，左掌外展於身後左側，掌心向外，掌指向後，目視前方。（圖57）

【實用】：我用足踢，敵如閃過，我急速用花籃向前猛力揣擊敵人頭面或胸腹，擊倒敵方，此法是強攻急進之招。

籃譜曰：

　　足踢對手向後閃，青龍出水向前穿。

　　單手提籃猛一揣，頂倒對手面朝天。

　　輕者傷筋骨頭疼，重者性命染黃泉。

20. 回身接寶

右腳向前落地，兩腳為軸，體左轉180度，變成左弓步，同時右籃由後向前下左側撩撈至左膝內側，籃底向下，左掌展於左前側，掌心向前，掌指向上，目視右前方。（圖

58）

【實用】：敵從身後側方攻來，用足踢我後下側，我回身用籃提起敵足，猛力一摔，敵即倒地。

籃譜曰：

　　　強敵身後猛踢來，轉身回頭把籃擺。

　　　單手用力向上提，接住敵足籃內揣。

　　　手腕一抖猛一摔，敵人腳脖拿下來。

21. 燕子鑽雲

雙足離地跳起，右足向前上方彈踢，當全身騰空時，右籃交於左手，右手變掌由上向下拍擊右腳面（響亮），左手籃上舉於頭上左側，籃底向上，目視右腳。（圖59）

【實用】：用右足踢敵前胸或者下頜，用右掌拍擊敵頭面，左籃架於頭上，擋遮對方來擊之器。此為防攻兼備之招法。

45

圖59

籃譜曰：

　　　雙足點地起在空，手腳齊進似雷鳴。

　　　上部掌蓋敵頭面，單足彈踢敵前胸。

　　　花籃擋遮敵利器，緊逼對方無計生。

圖 60　　　　　　　　圖 61

22. 鴻雁落山

左腳下落點地，右足落於左腳前方，左腳速抬起前上一步，兩腳為軸，體右轉 90 度，兩腿成橫弓步，同時左籃由上向下斜劈於襠前，籃底向下，右掌由下向上環弧橫架於頭上前方，掌心斜向上，掌指向左，目視前方。（圖 60）

【實用】：敵來踢我，急用籃斜劈敵腿，一掌上架，護住頭頂，防止敵人偷襲。

籃譜曰：

　　對方抬足向我點，單手用籃砸下邊。

　　擊重敵膝難行動，要想逃脫似登天。

　　先師傳下挎虎籃，遊走八方會群仙。

23. 仙人指路

抬右足與左足併攏，兩足八字站立，同時左籃向左揣擊，籃底向左，高與肩部，右掌屈肘收護於右胸前側，掌心

向左，掌指向上，目視左前方。（圖61）

【實用】：左側來敵，急用籃向左揣擊敵胸腹，擊退敵方。

籃譜曰：

　　前來對手猛進攻，單手舉籃衝前胸。

　　敵手若重挎虎籃，四肢朝天倒栽蔥。

　　前人傳下花籃寶，流傳至今千百冬。

24. 霸王送客

　　兩腳為軸，向左轉體90度，左右腳離地前移，併步站立，左籃上舉於頭上前方，籃底斜向上，右掌由後向前推擊於胸前，掌心向前，掌指向上，目視前方。（圖62）

【實用】：敵來打我，用籃上架來勢，用掌推擊敵胸肋或咽喉，擊退敵人。

圖62

籃譜曰：

　　敵人猛力用器打，單手用籃向上架。

　　架開敵器猛進掌，力士推山力量大。

　　強敵一見心害怕，仰面跌倒在地下。

25. 彩和過海

　　用腳碾地，體左轉180度，右腳離地抬起，右手接籃甩

圖63　　　　　　　　　　圖64

於右後下側，籃底向下，左掌向前推成立掌，高於頭部，掌心向前，掌指向上，目視前方。（圖63）

【實用】：敵來兵器擊我，用挎虎籃壓撥一邊，急速擊掌，推擊對方面門，擊敵眼目。

籃譜曰：

敵來器械把我傷，急用花籃壓一旁。

擺掌推擊敵面門，敵人迷目心發慌。

形似彩和過東海，大顯神通鬧海洋。

26. 青龍盤爪

抬右腳向前扣踢，同時左手由左向右，拍擊右腳掌內側，右籃上展於右後上側，籃底斜向上，目視右腳。（圖64）

【實用】：敵在前面攻來，我用腳扣踢敵肋，用掌拍擊敵頭、耳部、太陽穴等處，籃子向後撐擊身後之敵，此為前後防攻會合之法。

籃譜曰：

　　對手前方來勢凶，沉心定氣忽心驚。

　　單足扣踢敵軟肋，掌打太陽耳門中。

　　手腳齊進上下開，強敵跌倒地川平。

27. 腿下提寶

　　右腳在前方落地，左腳迅速向前方蹬踢，同時右籃由上向下擺撈提於左腿下方，籃底向下，左掌外展於左後側，掌心向外，掌指斜向上，目視前方。（圖65）

圖65

49

　　【實用】：敵方用腳踢我，急用籃提敵腳，用腳蹬敵頭面部，上踢下提擊敗對方。

籃譜曰：

　　強手用足向我踢，單手花籃猛撈提。

　　花籃提起敵來足，單足踹蹬敵面皮。

　　上踢下提雙挾攻，對手仰天倒在地。

28. 金童獻寶

　　左腳在落於後腳前半步，抬右腳與左腳併攏站立，同時右籃向前方猛揣，籃底向前，左掌由後至前護於籃邊沾，掌心向右，掌指斜向上，目視前方。（圖66）

　　【實用】：敵迎面進攻，我上步雙手用籃抵擊，揣開敵

圖 66　　　　　　　　　　圖 67

方，如迎面來暗器，我用籃遮擋避開危急。

　　籃譜曰：

　　　　前面來敵襲擊我，急用金童捧仙果。

　　　　雙手托籃猛一推，直奔對手前心窩。

　　　　輕者揣敵向後退，重者一命見閻羅。

29. 太公釣魚

　　右腳抬起上半步落地，緊接左腳提起成獨立勢，體右轉180度，同時右籃由後向前環弧甩提，籃底向下，左掌展於左後側方，掌心斜向外，掌指向左後側方，目視前方。（圖67）

　　【實用】：背後來敵擊我，我用籃向後猛力甩扣，然後旋腕上提，擊敵後退使之敗陣。

　　籃譜曰：

　　　　背後敵人攻來招，回頭反身把籃挑。

　　　　扣提敵頭猛又狠，強敵躍倒命難逃。

圖68

圖69

四大名山籃內挎，五湖四海花籃撈。

30. 偷步擺柳

左腳落於右腳前外側，兩腳為軸，向右轉體135度，抬右腳後退一步，成倒插步，同時左手接籃，環弧後擺，撐揣於左後側方，籃底向後，右掌外展於右前上側，掌心斜向前，掌指向上，目視左後方。（圖68）

【實用】：同順風擺柳勢用法一樣，請參照（圖64）。

31. 採藥煉丹

左腳尖離地，腳跟為軸，向右轉體45度，右腿屈膝下蹲，同時左籃由後收落於左胯外側，籃底向下；右掌收回抓住籃邊沿，目視前方。（圖69）

左腳收回半步屈膝下蹲，右腳前上一步，兩腿成右虛步，右手接籃，提於右胯外側，籃底向下，左掌外展於左後

圖70   圖71

側方，掌心斜向下，掌指向後，目視前方。（圖70）

【實用】：多用於提接左右兩側，敵人踢來腳時，提拿敵腳，使敵腳骨脫位。

籃譜曰：

> 左右對方踢來腳，不慌不忙用手托。
>
> 左右交籃輪換使，撈提敵腳難逃脫。
>
> 用力一轉疼難忍，拿倒對手笑哈哈。

32. 轉身敞門

兩腳為軸，向左轉體90度，成左橫弓步，同時左手接籃撩於左側，籃底斜向左，右掌展於右側，掌心向外，掌指向上，目視前方。（圖71）

【實用】：此為敞門停站收勢之招，不加解釋。

圖72

33. 收招歸原

左腳尖內旋，抬右腳與左腳併步，八字站立；左籃下垂於左大腿外側，籃底向下；右掌貼於右大腿外側，掌心向下，掌指向下，目視前方。（圖72）

籃譜曰：

挎虎籃法世罕見，流傳古寺秘不傳。

宋代福居傳宗寶，元明眾僧苦修煉。

清代清蓮傳靜修，眞靈如淨繼遺產。

相傳至今千百載，後繼素法永相傳。

素法之父徐敏善老人講：

花籃好比一隻船，左右搖擺提手間。

若遇對手須慎重，分別敵友要詳參。

一般朋友輕下手，處處忍讓最為賢。

右逢惡敵忘情義，花籃擒敵廢當前。

三、少林伏龍雙缽

（一）少林伏龍雙缽簡介

缽是僧人募化接端齋飲的缽盂，形狀像飯碗，周圍帶刃，出於周代。唐代三藏取經到印度時，也曾用缽盂化齋行路充饑。缽宋代傳入少林寺，以鐵製成，僧人在吃飯前後都可研煉。元代覺遠高僧也用缽盂外行募化，研煉出48缽。明代唐禪上人漸增至64缽，至清代真靈法師傳授弟子如淨時，精研成72缽，分為下山缽，募化缽，過街缽，劈犬缽、雲遊缽、護身缽等。

少林伏龍缽，是常人不注意的兩用武器，既可隨身端齋，也可防備攔路賊盜惡徒的襲擊，能隨時應敵，可抵擋長短兵器和暗器，也可甩出斬敵人要害部位，是得心應手的護身奇寶。

少林伏龍缽的主要技法有：劈、砍、撥、架、扣、刮、挑、端、扒刨、擦磨、甩打壓砸等。

真靈法師曰：

> 伏龍缽法世界稀，寺內秘傳玄妙奇。
> 外行募化端齋飯，驅賊防盜護自己。
> 共有招法七十二，惡徒暴歹難逃避。
> 弟子煉好伏龍缽，遊遍乾坤無人欺。

劉百川老師曰：

> 缽中藝興奇罕見，嵩山古刹有真傳。
> 寺僧研煉千百年，守寺護院秘不傳。

　　雲遊募化防身體，祖師眞功藏身邊。
　　雖然不是珍珠寶，總拿珠寶也不換。

1. 歌　訣

　　伏龍雙缽招法全，古刹內外奇罕見。
　　清蓮法師傳靜修，授於眞靈苦修煉。
　　眞靈法師傳如淨，後繼素法永相傳。
　　缽招共有七十二，樣樣勢勢記的全。
　　前八缽羅漢問路，後八缽魚翁划船。
　　左八缽獨立接齋，右八缽弓身打犬。
　　上八缽回身登雲，下八缽柴女刮泉。
　　中八缽力士掘井，行八缽橫穿街前。
　　站八缽落地觀山，七十二缽全使完。
　　手托雙缽回家園，再下苦功數十年。
　　弟子煉會伏龍缽，出外募化不費難。
　　危急之時護身體，惡歹除惡救孝賢。

2. 動作順序

　　起勢、獨立觀景、羅漢下山、二郎擔山、獨立接齋、金剛過河、力士觀海、飛身過江、屈步打犬、童子送書、魚翁划船、弓步接齋、登山亮缽、回身打犬、獨立端齋、傾身探海、純陽趕犬、回身撥敵、虛步迎客、左右劈敵、左右撩缽、腳踢北斗、回身登雲、仙人進洞、金童拜佛、柴女刮海、羅漢鑽井、遊僧過街、朝拜觀音、飛上天邊、落地觀山、大仙施禮、捧缽回山、收招歸原。

圖73　　　　　圖74　　　　　　圖75

（二）少林伏龍雙缽套路圖解

56　　**起　勢**

足立八字，挺胸抬頭，左手拿雙缽下垂於左大腿外側，缽口向前，右掌緊貼右大腿外側，掌心向內，掌指向下，目視前方。（圖73）

1. 獨立觀景

推右腳外移震腳，落地站立，提左膝成獨立勢，同時左缽由左向右，橫扣於右肋外側，缽口向後，右掌握拳上沖於右側上方，拳心斜向前，目視左前方。（圖74）

2. 羅漢下山

左腳在左側一步下落，兩腳碾地，向左轉體90度，成左弓步，同時左缽由右肋下側向前下方擺擊，缽口向右，高

圖76 　　　　　圖77

於胯部，右拳變掌，由左向右環弧外展於右後側方，掌心斜向上，掌指斜向後，目視前方。（圖75）

3. 二郎擔山

兩腳為軸，向右轉體180度，成右弓步，同時兩手向上環弧在胸前相交分缽，然後再前後分開外展，右缽高過頭頂，缽口向左，左缽高於肩部，缽口斜向左，目視前方。（圖76）

4. 獨立接齋

右腳抬起為軸，震腳落地，向左轉體180度，抬左腳成獨立勢，同時雙缽隨身勢由右向左上下環弧，右缽上架於頭上右後側，缽口向左，左缽端於前方，缽口向上，目視左缽。（圖77）

圖 78   圖 79

58

5. 金剛過河

　　左腳在前方半步下落點地，雙腳向前踮跳一步，落地成高弓步，同時雙鉢隨身勢在胸前上下環弧，左鉢斜展於頭上左側，鉢口向右，右鉢平端於身前，鉢口向上，目視右鉢。（圖 78）

6. 力士觀海

　　右腳前上一步，落地為軸，向左轉體 90 度，抬左腿成獨立勢，同時雙鉢隨身勢，在胸前向右環弧，架於右上斜側，右鉢在上，鉢口向前，左鉢在下，鉢口向後，目視前方。（圖 79）

7. 飛身過江

　　左腳在左側一步下落點地，雙腳向左旋跳，體左轉 315

圖80　　　　　　　　　　　圖81

度，右腳落地，左腳在後一步腳尖點地。同時雙缽隨身勢，在頭上雲頂左旋，上展於頭上左右兩側，缽口向左，目視左側。（圖80）

8. 屈步打犬

圖82

兩腳為軸，體左轉135度，兩腿變為高踮步，同時右缽由上向前下方劈擊，缽口向左，左缽上架頭上前方，缽口向右，目視前下方。（圖81）

9. 童子送書

抬右腳前上一步落地站立，抬左腳提膝成獨立勢，同時雙缽由上下兩側，向前方併攏推出，缽口向上，目視前方。（圖82）

圖 83　　　　　　　　　圖 84

10. 魚翁划船

　　左腳在後半步下落，右腳抬起，後退半步不落地，同時左缽環弧撩於身前左側，缽口向右，右缽後掄展於身後右上側，缽口向右，目視前方。（圖83）

　　右腳在後落地，左腳離地抬起，後退半步不落地，同時雙缽由後上下掄劈，右缽掄於身前方，左缽掄於左後上側，兩缽口向左，目視前方。（圖84）

11. 弓步接齋

　　左腳在後一步落地，兩腿成右弓步，同時左缽由後上側向前端擊，缽口向上，右缽由前向上，架於頭後右上側，缽口向左，目視前方。（圖85）

12. 登山亮缽

　　兩腳為軸，向左轉體180度，兩腿成左弓步，同時雙缽

圖 85

圖 86

由右向左環半弧撩端，左缽撩
於左前上側，缽口向右，右缽
端於襠前右膝內側，缽口向
上，目視右前方。（圖86）

13. 回身打犬

兩腳為軸，右轉體180
度，收右腳變虛步，同時雙缽
隨身勢，由左向右環弧旋撩斜
劈，然後左缽撩挑於身前方，

圖 87

缽口向右，右缽撩劈於身後右下側，缽口向左，目視前方。
（圖87）

14. 獨立端齋

右腳離地前上半步，左腳在後離地提起，同時右缽由後
向前直臂端擊，缽口向上，左缽屈肘收回，護於左肋前側，

圖 88   圖 89

缽口向上，目視前方。（圖88）

上動不停，左腳在前方一步落地，右腳在後離地抬起，左缽直臂前端，缽口向上，右缽屈肘收回，護於右肋前，缽口向前，目視前方。（圖89）

15. 傾身探海

右腳在前方一步落地，兩腿變成右弓步，同時右缽由後向前下方端擊，缽口斜向上，左缽由上下壓護於右膝上側，缽口斜向上，目視前缽。（圖90）

16. 純陽趕犬

兩腳為軸，體左轉180度，兩腿成左弓步，同時左缽由右向左前下側劈砍，缽口斜向右，右缽上架頭上前方，缽口向右，目視前方。（圖91）

雙腳離地向前踮跳一步，下落成左弓步不變，同時雙缽口胸前交合劃弧，然後左缽下劈於右膝前方，缽口斜向內，

圖 90

圖 91

圖 92

圖 93

63

右缽口上架於頭上方，缽口斜向下，目視前方。（圖92）

17. 回身撥敵

　　兩腳為軸，體右轉180度，兩腿成右弓步，同時雙缽由左向右，隨身勢旋轉撥打，左缽在前，右缽在後，兩缽高於肩部，缽口向左，直臂展開，目視前方。（圖93）

圖 94

圖 95

18. 虛步迎客

兩腳為軸，體左轉180度，兩腿成左虛步，同時雙缽隨身勢，由右向左旋轉撩扣，右缽扣於前方，左缽撥撩於身後左側，兩缽口向左，目視前缽。（圖94）

19. 左右劈敵

抬右腿成獨立勢，同時右缽由前向下後劈，砍於身後下側，缽口向左，左缽由後向前挑於頭前左上側，缽口向右，目視右前方。（圖95）

20. 左右撩缽

上動不停，右腳落於左腳前方半步，提左腿成獨立勢，同時左缽由上向下劈砍於身後左下側，缽口向右，右缽挑撩於頭上右前側，缽口向左，目視左前方。（圖96）

圖 96

圖 97

21. 腳踢北斗

左腳在前方半步落地為軸，體左轉 90 度，抬右腳向右側方彈踢，同時左缽由左向上架於頭上左側，缽口向前，右缽由右向左下劈護於襠前左側，缽口斜向前；目視右前方。（圖 97）

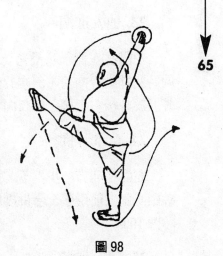

圖 98

22. 回身登雲

右腳下落，速抬左腳向左側彈踢，同時右缽由下向上斜展於右後上側，缽口向前，左缽由上向下斜劈，護於襠前右側，缽口斜向前，目視左前方。（圖 98）

圖 99

圖 100

23. 仙人進洞

左腳在左側一步下落為軸，體左轉 90 度，右腿後抬，同時左缽由後向前，斜端於前下方，缽口斜向上，右缽環弧外展於身後右上側，缽口向右，目視前缽。（圖 99）

24. 金童拜佛

右腳在前方一步下落，抬左腳向前與右腳併攏站立，雙缽由兩側向前環弧，合併拱於胸前，缽口相對，目視雙缽。（圖 100）

25. 柴女刮海

兩腳向前半步，並膝成蹲步，同時雙缽由前向兩側環小弧下刮，斜端於胸前，兩缽口斜相對，目視雙缽。（圖 101）

圖 101

圖 102

26. 羅漢鑽井

　　抬右腳落於左腳前外側，兩腳為軸，體左轉 90 度，抬左腳落於右腳後外側半步，兩腿屈膝成高歇步，同時右缽環弧下劈於右側下方，缽口斜向下，左缽架於頭上左側，缽口向前，目視右側。（圖 102）

圖 103

67

　　抬左腳落於左側一步，右腳離地移於左腳後外側半步，兩腿成歇步，同時左缽由上向下劈於左下側方，缽口斜向下；右缽上架頭上右側，缽口向前，目視左下方。（圖 103）

27. 遊僧過街

　　左腳離地左移半步落地為軸，體左轉 90 度；抬右腳由

圖 104　　　　　　　　　　圖 105

後向前溜地潑踢；右缽由左環弧斜劈於身後右側，缽口向右，左缽上挑於頭上左前側，缽口向右；目視前方。（圖104）

　　右腳在前方落地，抬左腳向前溜地潑踢，同時左缽由前向下斜劈於身後左側，缽口斜向下，右缽由下向上斜挑於右側前上方，缽口向左，目視前方。（圖105）

28. 朝拜觀音

　　兩腳為軸，向右轉體180度，抬左膝成獨立勢，同時兩缽隨身勢右轉交合相扣於胸前，左缽在上，右缽在下，雙手前拱，目視前方。（圖106）

29. 飛上天邊

　　右腳跳起，向右上方彈擺，體右轉180度，當全身騰空時，雙缽隨身勢交於左手，右掌迅速由上向下拍擊右腳面（響亮），左手缽外展於頭上左側，缽口向左，目視右腳前

圖 106

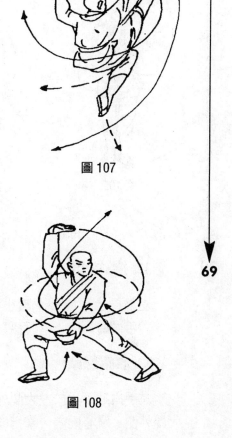

圖 107

側。（圖 107）

30. 落地觀山

　　左腳落地，右腳下落於
左腳後一步，兩腳為軸，右
轉體 90 度，兩腿變成右弓
步，同時左缽隨身勢由上向
下斜劈於襠前方，缽口向
上，左掌橫架頭上左前側，
掌心斜向上，掌指向左，目
視前方。（圖 108）

圖 108

69

31. 大仙施禮

　　兩腳向後各退半步，併攏八字站立，挺胸抬頭，同時左
缽在身前環半弧，護端於小腹前，缽口向上，右掌下落於胸
前環弧，然後橫架頭上左前側，掌心斜向上，掌指向左，目

圖 109　　　　　　圖 110　　　　　　圖 111

視前方。（圖109）

32. 捧鉢回山

左鉢向上再向外下環小弧，並屈肘護於胸前，鉢口向內，右手同時屈肘下落護攝鉢沿，目視前方。（圖110）

33. 收招歸原

左手攝鉢下垂於左大腿外側，鉢口向上，右掌下垂於右大腿外側，掌心向內，掌指向下，目視前方。（圖111）

少林武師岳洪演講：

雙鉢藝罕見，嵩山傳千年，

平日可接飯，急時以應戰，

祖師傳奇寶，弟子保平安。

四、少林雙竹筷

（一）少林雙竹筷簡介

筷子出於遠古時代，民間吃飯的用具，由竹、木製成。在宋代時也有用骨、銅、鐵、銀等材料製成的。少林寺福居禪師把它作為一種武器，名為少林雙竹筷，教寺僧研練，共有 28 招。元代子安；明代洪榮；清代清蓮、真靈、如淨等對筷子藝業都曾精心研練，經如淨法師數十年的苦修使之增加至 36 招，相傳至今。

少林雙竹筷，是兩用的方便武器，宜於攜帶，尺寸短小，使眾目不注意，吃飯時可用餐具，如遇攔路賊人或者歹徒搶劫時，還可用於治服壞人，保住人財不受損失，是得心應手的護身奇寶之一。

少林雙竹筷的技法主要有：點、插、刺、挑、撥、撩、滑、架、穿、敲等。它可以破槍棍和其它器械，前後左右上下都可隨時點擊敵人，對遠處之敵可發打射擊。

如淨法師曰：

> 小小筷子拿手中，雲遊募化把饑充。
>
> 魁星巧點狀元紅，太公舉劍把神封。
>
> 禹王治水安天下，哪吒鬧海下龍宮。
>
> 別看竹筷尺寸小，它比長槍勝幾籌。

宋從謙武師曰：

> 竹筷好似殺人刀，點插敵方難脫逃。
>
> 善點一百零八穴，三十六穴緊關道。

輕者傷筋動骨頭，重者性命活不長。

少林傳下驚人藝，不怕強敵使妙招。

1. 歌　訣

一雙竹筷拿手間，風捲霹雷飛上天。

子牙渭水把魚釣，野馬跳澗把身翻。

太子取下金鋼圈，仙女散花坐下盤。

烏龍進洞闖的緊，魁星舉筆點狀元。

太公挑簾排眾將，穩坐山頭把虎觀。

探身舉手點猛虎，翻身插倒虎一盤。

力士擒敵雙蹬腿，大鵬展翅飛上天。

劉邦舉劍蟒蛇斷，真君擔山挑在肩。

二龍鬥寶雙爭珠，野馬打滾地下翻。

金剛拱手童子腿，雙龍出水飛上天。

燕子啄食雙展翅，點起人馬急進關。

魁星抱斗獨立站，紫燕展翅飛上天。

金鵬落山雙展翅，禹王治水定海泉。

大公提筆封神將，雙箭入鞘回高山。

嵩山少林傳奇寶，遊遍乾坤用方便。

2. 動作順序

起勢、仙人指路、巧女紉針、獨立抱月、燕子穿雲、旋繞風雪、太公釣魚、猛虎跳澗、哪吒取寶、玉女栽花、白蛇進洞、魁星點元、挑簾點將、觀虎進山、探身插虎、天女散花、翻身伏虎、棚架登空、回身登雲、紫燕雙飛、高祖斬蛇、二郎擔山、雙龍戲珠、白馬打顫、羅漢朝祖、千斤一

圖112

圖113

根、二龍出海、大鵬啄食、韓信點兵、行步進兵、燕子鑽雲、鴻雁落山、旋繞風雷、仙人脫鞋、大禹定海、子牙舉筆、金刀入鞘、收招歸原。

（二）少林雙竹筷套路圖解

起　勢

足立八字，挺胸抬頭，兩臂自然下垂，兩掌緊貼兩大腿外側，掌心向內，掌指向下，腰間斜插雙竹筷，尖斜向下，目視前方。（圖112）

1. 仙人指路

兩腳尖碾地，向左轉體90度，同時左掌推向前方，掌心向前，掌指斜向上，右掌從腰間拔出竹筷，屈肘護於胸前，筷尖斜向下，目視前方。（圖113）

圖114　　　　　　　　圖115

74

2. 巧女紉針

抬右腳向前一步震腳落地，兩腿成右弓步，同時右雙筷插向前方，筷尖斜向下，左掌反甩於身後左側，掌心斜向內，掌指向上，目視前方。（圖114）

3. 獨立抱月

抬左腿成獨立勢，右雙筷屈肘收回護於左膝上方，筷尖斜向下，左掌屈肘收護於左肋前上側，掌心斜向前，掌指向上，目視前方。（圖115）

4. 燕子穿雲

右腳向前上方彈踢，同時右筷交於左手，當全身騰空時，出右掌由上向下拍擊右腳面（響亮），左筷展於頭上左側，筷尖向前，目視右腳。（圖116）

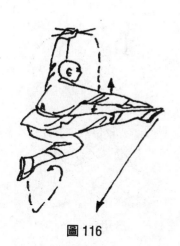

圖116

圖117

5. 旋繯風雷

兩腳前後落地為軸，
體左轉180度，抬左腿成
獨立勢，左雙筷在胸前屈
肘交於右手，兩手心斜相
對，筷尖向下，目視前
方。（圖117）

左腿向後旋擺，右腳
跳起，向左後上方旋踢，
當全身騰空時，速出左掌由左向右拍擊右腳掌內側，右筷展
於頭後右上側，筷尖向前，目視右腳。（圖118）

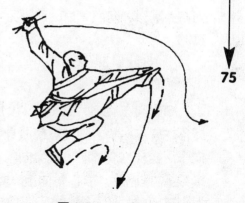

圖118

6. 太公釣魚

兩腳前後落地，左腳迅速抬起，成獨立勢，同時右雙筷
由上向前下方插擊，筷尖斜向下，左掌屈肘護於胸前，掌心

圖 119

圖 120

向右，掌指斜向前，目視前下方。（圖119）

7. 猛虎跳澗

右腳向左旋跳，體左轉270度，雙腳落地成左弓步，同時右筷隨身勢由上向下用筷杆點於襠前，筷尖向內，左掌橫架頭左上側，掌心斜向上，掌指向右，目視前方。（圖120）

圖 121

8. 哪吒取寶

左腳尖內旋，右腳抬起成獨立勢，右雙筷在左肋前與左手雙方屈肘相接分開，筷尖向下，目視右側。（圖121）

9. 玉女栽花

右腳在右側一步落地，抬左腳移於右腳後外側半步成歇

圖122

圖123

步，同時右手筷由左向右下插
點，筷尖斜向下，左筷下架頭上
前方，筷尖向右，目視右下側。
（圖122）

10. 白蛇進洞

起身，兩腳為軸，向左轉體
270度，右腳抬起，身向前探，
同時雙筷隨身勢左旋，然後右筷
直臂向前點刺，筷尖斜向前，左

圖124

筷撩於身後左側，筷尖斜向後，目視前方。（圖123）

11. 魁星點元

右腳向前半步落地，兩腳為軸，左轉體90度，抬左腳
移於右腳後外側半步成插步，同時雙筷在胸前環小弧，然後
再雙點於右側，筷尖向右，目視右側。（圖124）

圖 125　　　　　　　　　　圖 126

12. 挑簾點將

兩腳為軸，左轉 90 度成為右虛步，同時雙筷由後經下向前環半弧，接著右筷直臂前點，筷尖向前，左筷上挑於前上左側，筷尖向前，目視前方。（圖 125）

13. 觀虎進山

抬左腳前上半步落地，右腳抬起，同時左筷上落直臂前點，筷尖斜向前，右筷向上挑架，筷尖向前，目視前方。（圖 126）

右腳向前一步下落，左腳抬起，同時右筷由上向前下方插刺，筷尖斜向下，左筷架挑於頭前左上側，筷尖斜向前，目視前方。（圖 127）

14. 探身插虎

左腳向前一步下落成左弓步，同時左筷由上向前下方插

圖127

圖128

點，筷尖向下，右筷架於頭上前方，筷尖斜向上，目視前方。（圖128）

15. 天女散花

抬右腳落於左腳前，兩腳為軸，體左轉90度，抬左腳落於右腳後外側半步成歇步，同時右筷由上向下插點於右下側，筷尖斜向下，

圖129

左筷橫架於頭上左側，筷尖斜向上，目視右下方。（圖129）

16. 翻身伏虎

雙腳向左旋跳，體左轉135度，落地後成橫弓步，同時雙筷隨身勢旋轉，由上向下插點於前下方，右筷在前，左筷

圖 130

圖 131

在後，兩筷尖向下，目視雙筷。（圖130）

80

17. 棚架登空

右腳後移半步為軸站立，向右轉體45度，速抬左腳向前彈踢，同時雙筷由下向右後上側挑撥架撩，雙筷尖斜向下，筷杆向上，目視右腳。（圖131）

18. 回身登雲

左腳下落於右腳前側，速抬右腳向前彈踢，同時雙筷由右上方隨身勢向左下方環半弧，右筷刺護於襠前，筷尖斜向下，左筷架於頭上左後側，筷尖斜向下，目視前方。（圖132）

19. 紫燕雙飛

右腳落於左腳後一步，左腳前上一步落地為軸，向右轉

圖 132

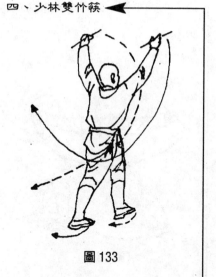

圖 133

體180度，右腳後抬，同時雙筷向上外展於頭上兩側，筷尖斜向前，目視左前方。（圖133）

20. 高祖斬蛇

圖 134

右腳在後方落地，兩腳為軸，右轉體180度成高玉環步，同時雙筷隨身勢右旋，左筷刺向前下方，筷尖斜向下，右筷架於頭上前方，筷尖斜向前，目視前方。（圖134）

21. 二郎擔山

雙腳碾地，左轉180度成左弓步，同時雙筷隨身勢，向前後兩側直臂分刺，筷尖斜向外，目視右前方。（圖135）

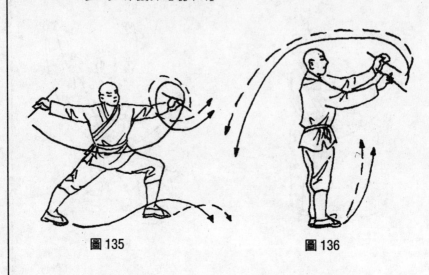

圖 135　　　　　　　　　　圖 136

82

22. 雙龍戲珠

抬右腳落於左腳前
半步，左腳前移與右腳
併攏站立，雙筷在胸前
向上環小弧，然後向前
點刺，筷尖向前，目視
雙筷。（圖 136）

23. 白馬打顫

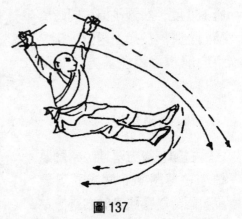

圖 137

雙腳向前方彈起，身向後仰倒地，同時雙筷隨身勢展於
頭上左右兩側，筷尖斜向外，目視腳尖。（圖 137）

24. 羅漢朝祖

雙腳猛收屈膝站地，身體向上猛力挺身，起身成馬步，

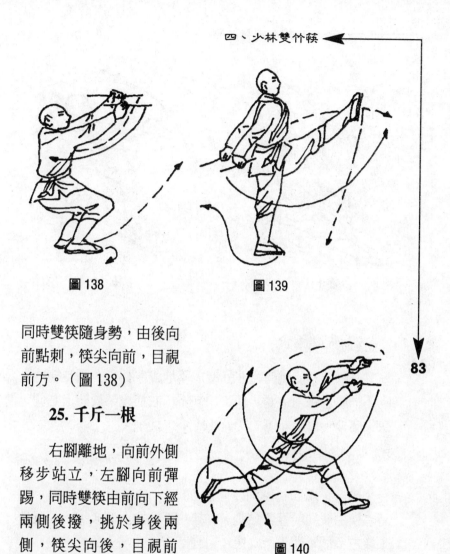

圖138

圖139

圖140

同時雙筷隨身勢，由後向前點刺，筷尖向前，目視前方。（圖138）

25. 千斤一根

右腳離地，向前外側移步站立，左腳向前彈踢，同時雙筷由前向下經兩側後撥，挑於身後兩側，筷尖向後，目視前方。（圖139）

26. 二龍出海

左腳在前方一步下落，右腳後翹，同時雙筷由後經兩側環半弧，撩插於前方，筷尖斜向下，目視前方。（圖140）

圖 141

圖 142

27. 大鵬啄食

左腳向右旋跳轉體 270 度，落地成左仆步，同時筷由上向下插於左腿內上側，筷尖斜向下，右筷撥架於頭上右側，筷尖向外，目視左側。（圖 141）

28. 韓信點兵

起身，兩腳為軸向左轉體 90 度，抬左腿成獨立勢，同時右筷由後向前直臂點刺，左筷由下向左上側後撩，外展於頭後左上側，筷尖斜向後，目視前方。（圖 142）

29. 行步進兵

左腳在前方一步下落，右腳微抬，同時左筷由後向前直臂點刺，右筷由前向後撩撥，展於右後下側，筷尖斜向後，目視前方。（圖 143）

圖143

圖144

85

30. 燕子鑽雲

　　右腳前上一步左腳抬
起，同時雙筷在胸前屈肘合
併交於左手，筷尖斜向下，
目視前方。（圖144）

　　右腳向前上方彈踢，當
全身騰空時，速出右掌，由
上向下拍擊右足面（響
亮）；左筷展於頭上左後
側，筷尖向前，目視右腳。（圖145）

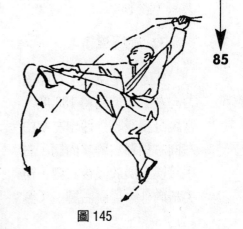

圖145

31. 鴻雁落山

　　兩腳前後相距一步落地，同時左筷由上下落於胸前下
方，右掌收護於左筷內側，接抓雙筷，筷尖向下，目視前

圖146

圖147

方。（圖146）

32. 旋繞風雷

雙腳離地跳起，右腳盡
力向左上方旋踢轉180度，
當全身騰空時，速出左掌由
左向右拍擊右腳掌內側，右
手接筷上展於頭後右側，筷
尖斜向外，目視右腳。（圖
147）

圖148

33. 仙人脫鞋

兩腳前後落地，左腳在後迅速後抬，同時，左掌由前向
後下方拍擊左腳掌內側，右筷由上降落於身前，筷尖斜向
下，目視前下方。（圖148）

左腳不落地，右腳向左上方旋踢，體左轉180度；當全

圖 149

圖 150

身騰空時,速出左掌由左向右拍擊右腳掌內側,同時右筷上展於頭後右側,筷尖斜向外,目視前方。(圖 149)

34. 大禹定海

兩腳前後相距一步落地成右弓步,同時右手雙筷由上向下插於身前下方,筷尖向下,左掌外展於左後上側,掌心向外,掌指斜向上,目視前方。(圖 150)

圖 151

87

35. 子牙舉筆

兩腳為軸,體左轉 90 度,兩腳各退半步,八字併攏站立,同時右筷由右側向上滑舉撩展,筷尖斜向下,左掌下落於左大腿外側,掌心向裡,掌指向下,目視前方。(圖 151)

圖 152

圖 153

36. 金刀入鞘

兩腳不動，右筷由右上側，屈肘下插穿於腰間左側，筷尖斜向下，目視前方。（圖 152）

37. 收招歸原

兩腳八字不變，挺胸抬頭，同時右掌由胸前向外向上向內環弧，然後下落於右大腿外側，掌心向內，掌指向下，左掌不變，目視前方。（圖 153）

五、少林子午丁

（一）少林子午丁簡介

少林子午丁出於隋唐，後經宋代傳入少林寺。子午丁有兩種形狀，一種是三尖相丁，另一種是帶護手圈三尖如丁。福居禪師教眾僧研練，作為防身之寶，共有 18 招，以後元代智安；明代覺訓，洪榮，廣順，道胡，慶旺，同替，玄敬，精意研練增至 24 招；後清代清倫，真珠，海參，湛舉，湛德，湛春，湛化，湛義等研練苦修又增至 36 招，相傳至今。

少林子午丁的尺寸短小，抓在手裡得心應手，有的用鋼鐵製成，有的尖上點金製成，可撥長槍和匕首，可破數十年的純功，在危急時可防身自衛，也可懲罰惡歹之徒和攔路搶劫之人，是秘藏少見的小巧武器之一。

少林子午丁的主要技法有：點、刺、扣、砸、鉤、架、掃、擺、推、撥、撩、掛等。

沙寶玉老師曰：

子午金丁冒金星，雙拳運轉快如風。

專打歹徒要害穴，衝點惡賊骨節髓。

砸破壞人金鐘罩，刺壞奸臣鐵布功。

長槍短劍也能擋，撒手射敵也能重。

少林弟子徐祗寶，徐祗文講：

子午丁兒太輕靈，藏在手中不見蹤。

強敵力大凶又猛，一心要把我命坑。

拳頭輕輕猛一抖，對手跌倒也川平。

以小治大奇玄妙，擊敵勢快一陣風。

1. 歌　訣

子午金丁握手中，行動方便應用靈。

遠看空拳無兵器，細看手中六處丁。

沖拳專打敵骨髓，前後兩面中線行。

虎口扣打側邊穴，左右兩側擊敵重。

撥架專用拳輪邊，點重脈門敵難撐。

左右前後一樣使，上下翻飛妙無窮。

不怕強敵氣力大，不怕對手有硬功。

擅打內功鐵布衫，點破強敵罩金鐘。

若問小丁何屬害，三尖點金精製成。

近戰拼搏隨時用，敵來兵器也能應。

雖然不是真財寶，防身護體價連城。

弟子學會子午丁，遊遍天下會群雄。

嵩山少林傳家寶，寺僧研練苦下功。

2. 動作順序

起勢、金雞獨立、紫燕展翅、登山打虎、千斤一根、豹子穿林、打虎進山、野蟒鑽林、梅鹿奔川、童子彈踢、烏龍進洞、野馬奔山、坐虎等食、猛虎跳澗、海底砸鱉、背後推月、腳踢北斗、閉門推窗、腿蹬天邊、老君封門、天鵝下蛋、青龍搖頭、順風擺柳、順水推舟、獅子張口、二龍爭珠、雙龍鬥寶、野馬彈蹄、二龍爭珠、猿猴縮身、鴻雁落灘、麒麟吐書、童子送書、二郎擔山、收招歸原。

圖 154

圖 155

（二）少林子午丁套路圖解

起　勢

足立八字，挺胸抬頭；雙手握丁，下垂於兩大腿外側，丁頭向下，兩手心向後，目視前方。（圖154）

1. 金雞獨立

提左腿成獨立勢，雙丁由兩側向上屈肘經腦前交插於至雙肩兩側，左手在內，右手在外，丁頭斜向外，兩手心斜向後，目視前方。（圖155）

2. 紫燕展翅

右腳為軸左轉45度，左腳不落地，雙丁經胸前，向兩側外展，兩手心向前，丁頭向外，目視前方。（圖156）

圖156　　　　圖157

3. 登山打虎

左腳在前方下落，兩腳碾地，向左轉體45度，成左弓步，同時右丁由後向前推擊，手心斜向左，丁頭向前，左丁屈肘收護左肋前側，手心向右，丁頭向前，目視前方。（圖157）

圖158

4. 千斤一根

左腳尖外旋，右腳向前彈踢，同時右丁屈肘護於左肋外後側，手心斜向右，丁頭向上方斜，左丁上架頭後左側，手心斜向左，丁頭向上，目視前方。（圖158）

5. 豹子穿林

右腳在前方落地成右弓步，同時右丁由後向前砸擊，手

圖159

圖160

心向左，丁頭向前，左丁下落護
於左肋前側，手心向右，丁頭向
前，目視前方。（圖159）

6. 打虎進山

雙腳向前踮跳半步，落地成
右弓步，同時雙丁由前向下，經
左側向後上環弧砸向前方，左丁
在前，手心向右，右丁屈肘在
後，手心向左，兩丁頭向前，目
視前方。（圖160）

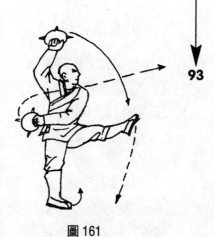

圖161

7. 野蟒鑽林

雙腳離地向前踮跳一步成右弓步，同時雙丁向上環弧，
然後右丁前穿直點，手心向左，左丁屈肘護於胸前，手心向
右，兩丁頭向前，目視前方。（圖161）

圖 162　　　　　　　　圖 163

94

8. 梅鹿奔川

雙腳離地向前踮跳一步，成右弓步，左丁前推，手心向右，丁頭向前，右丁屈肘後鉤，手心向左，丁頭向前，目視前方。（圖162）

9. 童子彈踢

右腳尖外旋，抬左腳向前方彈踢，同時右丁向後掛甩，架於頭上右側，手心向右，丁頭向上；左丁由前向後扣於右肋後外側，手心斜向左，丁頭向後，目視前方。（圖163）

10. 烏龍進洞

左腳在前方一步落地成左弓步，同時左丁由後向前推擊直點，手心向右，右丁由上向前下方掛擊，然後屈肘護於右肋前側，手心向左，兩丁頭向前，目視前方。（圖164）

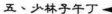

圖 164　　　　　　　　　　圖 165

11. 野馬奔山

雙腳離地向前踮
跳一步成左弓步，同
時右丁前推直點，手
心向左，左手屈肘後
鉤，護於左肋前側，
手心向右，兩丁頭向
前，目視前方。（圖
165）

圖 166

兩腳不動；左手
前沖，手心向右，右手屈肘後鉤護於右肋前側，手心向左，
兩丁頭向前，目視前方。（圖 166）

兩腳仍然不動，右丁向前點推，手心向左，左丁屈肘收
回護於右肋前側，手心向右，兩丁頭向前，目視前方。（圖
167）

圖167　　　　　　　　　　　圖168

12. 坐虎等食

　　兩腳為軸，體右轉
270度成高歇步，同時雙
丁隨身勢環弧，右丁砸於
右側，手心斜向前，丁頭
向右，左丁架於頭上左前
側，手心向前，丁頭向
上，目視右側方。（圖
168）

圖169

13. 猛虎跳澗

　　雙腳離地跳起，前後換步落地為軸，體左轉45度，同
時雙丁在左側向內下環弧，然後向前後上下展開，左丁展於
前上左側，手心向前，丁頭向上，右丁展於身後右下側，手
心向前，丁頭向下，目視前方。（圖169）

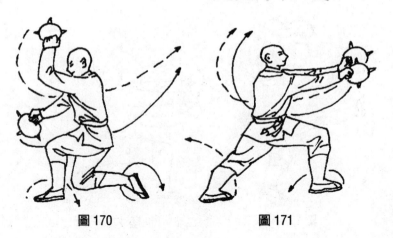

圖170　　　　　　　　圖171

14. 海底砸鱉

兩腳為軸，體左轉45度，左腿屈膝，右腿在後屈膝跪地，變成跪步，同時右丁由後經上向前下方砸擊，手心向左，丁頭斜向下，左丁在前方環弧上架頭上方，手心向右，丁頭向上，目視前下方。（圖170）

15. 背後推月

起身，兩腳為軸，體向右轉180度，成右弓步，雙丁隨身勢推向前方，兩手心相對，丁頭向前，目視前方。（圖171）

16. 腳踢北斗

兩腳為軸，向左轉體180度，速抬左腳向前蹬踢，同時雙丁由後向前，架於頭上，兩手心斜向前，丁頭向上，目視前方。（圖172）

圖172　　　　　　　　圖173

98

17. 閉門推窗

左腳在前方下落成左弓步，同時雙丁向右下側環弧，然後直臂推向前方，兩手心斜相對，兩丁頭向前，目視前方。（圖173）

18. 腿蹬天邊

兩腳為軸，體向右轉180度，抬右腳向前蹬踢，同時雙丁隨身勢，上架於頭上前方，兩手心斜相對，丁頭向上，目視前方。（圖174）

圖174

19. 老君封門

右腳下落成右弓步，同時雙丁由上向後，經左側向前擺推，兩手心斜相對，丁頭向前，目視前方。（圖175）

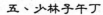

圖175　　　　　　　　圖176

20. 天鵝下蛋

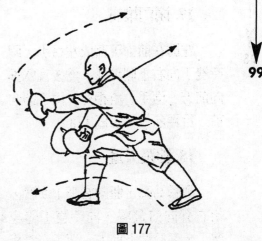

圖177

兩腳為軸,向左轉體180度成左弓步,同時雙丁由後向前砸擊,右手心向左,丁頭斜向前,砸在左小臂上方,左手心斜向右,丁頭斜向上,在下迎擊右小臂,兩臂交插,目視前方。(圖176)

兩腳離地踮跳,前後換步(左腳後退半步,右腳前上一步)變成右弓步,同時雙丁由前向後,經左側向上環弧,然後劈砸於前下方,左手心向右,丁頭向前,右手心向內,丁頭斜向下,目視前下方。(圖177)

99

圖 178　　　　　　　　　　圖 179

21. 青龍搖頭

抬左腳前上一步落地成高虛步；上體右轉 90 度，同時雙丁由下向右上側擺動撩出，兩手心斜相對，丁頭斜向右，目視右側。（圖 178）

22. 順風擺柳

左腳尖右旋，抬右腳落於左腳後外側成插步，同時兩丁由右向左甩擺，右手高，左手低，兩手心斜向下，兩丁頭斜向左，目視左側。（圖 179）

23. 順水推舟

抬左腳向左側橫跨一步，兩腳碾地，向左轉體 90 度成左弓步，同時雙丁經右側向上環弧，然後推向前方，兩手心相對，丁頭斜向前，目視前方。（圖 180）

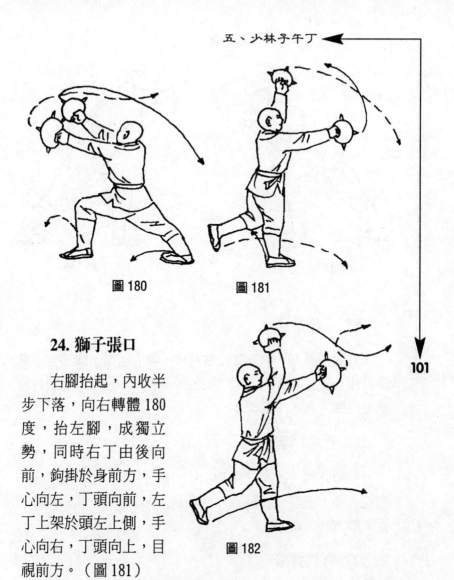

圖 180　　圖 181

24. 獅子張口

右腳抬起，內收半步下落，向右轉體 180度，抬左腳，成獨立勢，同時右丁由後向前，鉤掛於身前方，手心向左，丁頭向前，左丁上架於頭左上側，手心向右，丁頭向上，目視前方。（圖 181）

圖 182

左腳在前方一步下落，右腳抬起，右丁由前向上挑架於頭上前右側，手心向左，丁頭向上，左丁由上向前鉤掛於身前方，手心向右，丁頭向前，目視前方。（圖 182）

圖 183

圖 184

25. 二龍爭珠

右腳在前方一步下落成右弓步，身向前探，同時雙丁隨身勢由後向前推擊於頭前斜上方，兩手心相對，丁頭斜向前，目視前方。（圖183）

26. 雙龍鬥寶

兩腳為軸，體向左轉180度，成左弓步，同時雙丁由右向左，經上擺擊於前斜上方，兩手心斜相對，丁頭斜向前，目視前方。（圖184）

27. 野馬彈蹄

左腳離地後移站立，右腿向前彈踢，同時雙丁由前經下向後掃潑，擺於身後左上斜側，左丁在上，右丁在下，兩手心斜相對，丁頭斜向後，目視前方。（圖185）

圖 185

圖 186

28. 二龍爭珠

右腳在前一步下
落成右弓步,身向前
斜探,同時雙丁由後
經上向前斜上方點
擊,右手心斜向下,
丁頭向前,左手心斜
向右,丁頭斜向上,
目視左前方。(圖
186)

圖 187

兩腳為軸,向左轉體 180 度成左弓步,身向前斜探,同
時雙丁由後向前斜刺,右手心斜向右,左手心斜向下,雙丁
頭斜向前,目視右前方。(圖 187)

103

圖 188　　　　　　　　　圖 189

29. 猿猴縮身

　　兩腳為軸，向右轉體 180 度，抬左腳向前與右腳併攏落地，屈膝下蹲，同時雙丁由後上方，向身前下方砸擊，兩手心斜相對，丁頭斜向下，目視前下方。（圖 188）

30. 鴻雁落灘

　　雙腳向右旋跳，體右轉 90 度，成右仆步，同時右丁隨身勢由左向右環弧下掛，手心向前，丁頭斜向右，左丁挑架於頭上前側，手心斜向後，丁頭斜向上，目視右側。（圖 189）

31. 麒麟吐書

　　左腳尖向右旋轉，向右轉體 90 度成右弓步，同時雙丁由後向前推擊，右手在下，手心向左，左手在上，手心向右，兩丁頭向前，目視前方。（圖 190）

圖190　　　　　　　圖191

32. 童子送書

抬左腳向前與右腳併步站立，同時雙丁由前經上向後上環弧，然後經兩側下撩點刺於前方，兩手心相對，丁頭向前，目視前方。（圖191）

圖192

33. 二郎擔山

雙腳離地右旋踮跳，向右轉體135度，成右弓步，同時雙丁向兩側撥撩展開，兩臂高於肩部，兩手心向左，丁頭向外，目視前方。（圖192）

34. 收招歸原

右腳尖內旋，體左轉45度，抬左腳與右腳併攏，兩腳

圖 193

八字站立，挺胸抬頭，雙丁由兩側收回，下垂於兩大腿外側，手心向後，丁頭向下，目視前方。（圖193）

六、少林蓮花奪命釬

（一）少林蓮花奪命 釬 簡介

蓮花奪命釬有兩種：一種是環柄釬，用手抓環柄前刺；另一種是把柄針。奪命釬出於唐代，在宋代時少林方丈福居收集諸藝入寺，將其傳授給寺僧研練，共有 18 釬。後經元代智聚、子安；明代圍勝、可政、可改、悟雷、悟淨、悟華、月淨、普淨等高僧和僧尼精心研練，增至 36 釬。清代祖月、清蓮、靜修、真靈、如淨等高僧，又逐漸研練增加為 48 釬，相傳至今。

107

少林蓮花奪命釬，小巧玲瓏，便於在身上腰間攜帶，在對敵時，可以撥打敵人兵器，長槍、短劍匕首都可應付，遠處也可射擊敵人，一般身藏 12 支，是防身護體驅賊懲歹的好武器，是寺內秘不外傳的護身奇寶之一。

少林蓮花奪命釬的主要技法有：刺、點、插、扎、劈、撩、架、撥等，對遠處之敵可以撒手射擊，重擊其要害處。

如淨法師曰：

小小釬兒六寸三，快似飛刀急如電。

長大兵器能撥打，小巧兵器也能戰。

遠處撒手如射箭，想逃我手比登天。

地下招法還嫌慢，梅花樁上如飛燕。

少林弟子徐勤孝講：

奪命鐵釬賽刀劍，拿在手中實方便。

上下翻飛護身體，四面八方應實戰。

兩手相護連環進，前後相隨上下翻。

橫豎衝殺前後找，群敵逃命四下散。

1. 歌　訣

少林蓮花奪命釬，形似飛刀賽利箭。

小巧兵器拿在手，躥跳蹦縱如飛燕。

左一釬來右一箭，前遮後擋快如電。

能開大刀和長槍，能擋棍棒和利劍。

近戰對手不費力，遠戰強敵也不能。

若遇惡徒想逃跑，把手一抖箭離弦。

地下使用還不算，梅花樁上神功獻。

下走金木水火土，上走地支和天干。

天罡鑽宮七星位，八卦九宮都一般。

各種樁法全能走，雙釬上下任盤旋。

祖師傳授奪命釬，雲遊募化用方便。

歷代弟子苦用功，少林秘藝傳萬千。

2. 動作順序

起勢、白猿獻果、彌猴奔坡、飛身擺蓮、大雁落山、童子送書、金雕展翅、八步趕鑱、飛身雲頂、豹子鑽林、梨花甩袖、野蟒穿林、大鵬展翅、孤雁坐窩、前後插花、夜叉探海、猛虎出洞、羚羊登枝、梅鹿奔川、迎風斷草、蝴蝶展翅、風擺荷葉、金雞搧膀、順風掃葉、野雀亮翅、風掃梅花、白鶴抖翅、插花蓋頂、烏龍進洞、風旋霹雷、燕子投井、童子捧香、飛上天堂、山頭舉火、收招歸原。

圖 194

圖 195

（二）少林蓮花奪命釬套路圖解

109

起　勢

　　足立八字，身胸挺直，左手握釬，貼左大腿外側，手心斜向後，釬頭斜向下，右掌貼右大腿外側，掌心向裡，掌指向下，目視前方。（圖 194）

1. 白猿獻果

　　兩腳為軸，體左轉 90 度，抬左腳上半步落地，右腳前移腳尖點地成斜丁步，同時左釬由後向前拱手上沖，手心向右，釬頭向上，右手附於左手腕內側，掌心向前，掌指向上，目視前方。（圖 195）

2. 彌猴奔坡

　　雙腳向右旋跳，體右轉 180 度，左腳在前落地，右腳尖

圖196

圖197

在後點地，同時右手由後向前展開，掌心斜向下，掌指斜向前，左釺屈肘收護於左胯外側，手心向內，釺頭斜向下，目視右掌。（圖196）

3. 飛身擺蓮

雙腳向右上方彈擺，轉體180度，當全身騰空時，速出右掌，由右向左擺擊右腳面，左釺上舉於頭上左側，手心向前，釺頭向上，目視右腳。（圖197）

4. 大雁落山

雙腳落地，左腳離地向前一步下落，兩腳為軸，向右轉體90度成高仆步，同時左釺由上向下猛劈，手心向內，釺頭斜向下，右掌橫架於頭上前方，掌心斜向前，掌指向左，目視左釺。（圖198）

圖 198

圖 199

111

5. 童子送書

起身，兩腳為軸，向左轉
體 90 度，提右腳成獨立勢，
同時雙手接釺，直臂拱於胸前
方，兩手心相對，釺頭向前，
目視前方。（圖 199）

6. 金雕展翅

圖 200

右腳在前方一步下落，左
腳後扒，成扒沙步，同時雙釺在前方向兩側分開，手心斜相
對，釺頭斜向前，目視前方。（圖 200）

7. 八步趕鏟

左腳向前一步下落，右腳成扒沙步，同時雙釺由前經上
向後上下輪轉，左釺撩於身前，手心向右，釺頭向前，右釺

圖 201   圖 202

撩撥於身後右上側，手心向右，釬頭斜向上，目視前方。
（圖 201）

　　右腳在前方一步下落，左腳後扒，成扒沙步，同時兩釬
前後上下輪轉，右釬挑於身前，手心向左，釬頭向前，左釬
撩撥於身後左上側，手心向左，釬頭向上，目視前方。（圖
202）

　　左腳向前一步下落，右腳成扒沙步，同時雙釬上下前後
輪轉，左釬撩刺於身前方，手心向右，釬頭向前，右釬撩撥
於右後上側，手心斜向前，釬頭向上，目視前方。（圖
203）

8. 飛身雲頂

　　右腿在前方一步落地，左腳成扒沙步，同時雙釬前後上
下輪轉，右釬撩扎於身前方，手心向左，釬頭向前，左釬撩
撥於身後左上側，手心向外，釬頭向上；目視前方。（圖
204）

圖203　　　　　　　圖204

右腳為軸，左轉
180度，左腳向後一步
下落為軸，右腳離
地，向右轉體90度，
同時兩釺環弧展於左
右兩側，手心向前，
釺頭向外，目視前
方。（圖205）

圖205

113

9. 豹子鑽林

左腳為軸，向左轉體270度，右腳在後一步落地成左弓
步，同時雙釺隨身勢環弧，右釺由後向前下扎，手心向左，
釺頭斜向前，左釺上架頭上前左側，手心向右，釺頭斜向
上，目視前方。（圖206）

圖 206　　　　　　　　圖 207

10. 梨花甩袖

抬右腳前上半步下落，兩腳為軸，體左轉 90 度成橫弓步，同時雙釬在胸前環弧，甩擊於右側方，右手心向前，左手心向下，雙釬頭向右，目視前方。（圖 207）

11. 野蟒穿林

左腳尖外旋，向左轉體 90 度成左弓步，同時左釬由後向前扎刺，手心向右，釬頭向前，右釬由後向前屈肘壓護於右肋前側，手心向左，釬頭向前，目視前方。（圖 208）

抬右腳前上一步下落，成右弓步，同時右釬由後自前猛扎刺，手心向左，釬頭向前，左釬屈肘收護於左肋前側，手心向右，釬頭向前，目視前方。（圖 209）

抬左腳前上一步下落成左弓步，同時左釬向前扎刺，手心向右，釬頭向前，右釬屈肘收護於右肋前側，右手心向左，釬頭向前，目視前方。（圖 210）

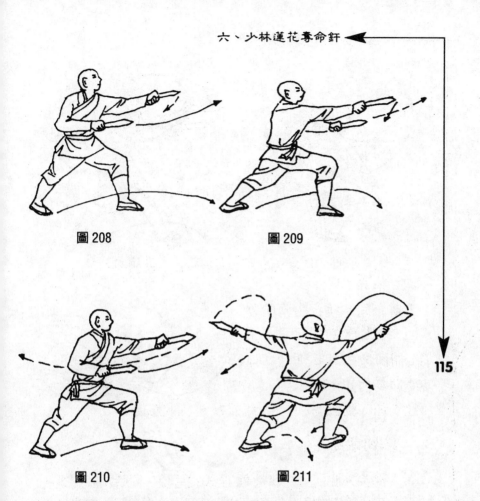

圖 208　　　　　　　圖 209

圖 210　　　　　　　圖 211

115

12. 大鵬展翅

　　抬右腳上前成右弓步，同時雙釺向前後兩側，展臂外扎，兩手心向左，釺頭向外，目視前方。（圖211）

13. 孤雁坐窩

　　兩腳為軸，左轉135度，抬左腳後退與右腳併攏，屈膝

圖212　　　　　　　　　　　圖213

下蹲，同時雙釬由兩側收
回，下點於左右兩下側，手
心斜向後，釬頭斜向下，目
視前方。（圖212）

14. 前後插花

　　兩腳碾地，體左轉45
度，抬左腳前上一步成左虛
步，同時右釬由後向前屈肘
甩挑於身前右側，手心向

圖214

左，釬頭斜向上，左釬由前向後甩撩於身後，手心斜向上，
釬頭向後，目視前方。（圖213）

　　左腳後移，抬右腳前上一步，成右虛步，同時左釬由後
向前環弧，屈肘甩挑於身前方，手心向右，釬頭向上，右釬
由前向後環弧，甩擺於身後下側，手心向外，釬頭向後，目
視前方。（圖214）

圖215　　　　　　　　圖216

　右腳後移，左腳抬起前上一步，同時右釬由後向前環弧，甩挑於身前方，手心向左，釬頭斜向前，左釬由前向後環弧，甩擺於身後方，手心斜向上，釬頭向後，目視前方。（圖215）

15. 夜叉探海

　兩腳為軸，體右轉180度變成右弓步，身向前探，同時雙釬隨身勢由後向前插刺，右釬在下，手心向左，釬頭斜向下，左釬在上，手心向右，釬頭向前，目視前方。（圖216）

16. 猛虎出洞

　右腳後移，左腳前上一步成左弓步，同時右釬上挑，架於頭上右側，手心向左，釬頭斜向後；左釬環弧前扎，手心向右，釬頭斜向前下方，目視前方。（圖217）
　抬右腳前上一步成右弓步，同時右釬由後向下環弧前

圖 217　　　　　　　圖 218

扎，手心向左，釺頭
斜向前，左釺上架頭
上前方，手心向右，
釺頭斜向上，目視前
方。（圖 218）

　　左腳前上成左弓
步，同時左釺由上向
後下方還弧，插刺於
身前方，手心向右，
釺頭向前，右釺由前

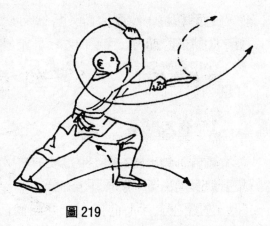

圖 219

上挑，架於頭上前方，手心向前，釺頭斜向後，目視前方。
（圖 219）

17. 羚羊登枝

　　上右腳於左腳前為軸，向左轉體 90 度，提左膝成獨立
勢，同時雙釺隨身勢環弧，點刺於右側斜上方，兩手心向

圖220

圖221

前，釬頭斜向右，目視
右前方。（圖220）

18. 梅鹿奔川

左腳在左側一步下
落，體左轉90度，成
左弓步，同時雙釬在右
側下落環半弧，然後向
前後分開外展，手心向
右，釬頭向外，目視前
方。（圖221）

圖222

19. 迎風斷草

抬右腳前上一步成右虛步，同時右釬由後向前，掄劈於
身前，手心向左，釬頭向前，左釬由前向下環弧，撩於右腋
下後側，手心向下，釬頭斜向後，目視前方。（圖222）

圖 223　　　　　　　　　圖 224

　　兩釬繼續向前掄轉，右釬掄轉於右後側，左釬掄轉於左前側，兩手心向右，釬頭向外，右臂壓在左臂上方，目視前方。（圖 223）

20. 蝴蝶展翅

　　雙釬繼續向前掄轉撩劈，右釬在前，左釬在後，兩臂高於肩部，手心向左，雙釬頭向外，目視前方。（圖 224）

21. 風擺荷葉

　　右腳後移，抬左腳前上一步，同時左釬由後向上，劈向前方，手心向右，釬頭向前，右側由前向下撩於左腋下後側，手心向右，釬頭向後，目視前方。（圖 225）

　　兩腳尖右旋，雙釬繼續向前掄轉，撩劈於右側，左釬在後，右釬在前，左臂壓右臂上方，手心向左，釬頭斜向外，目視前方。（圖 226）

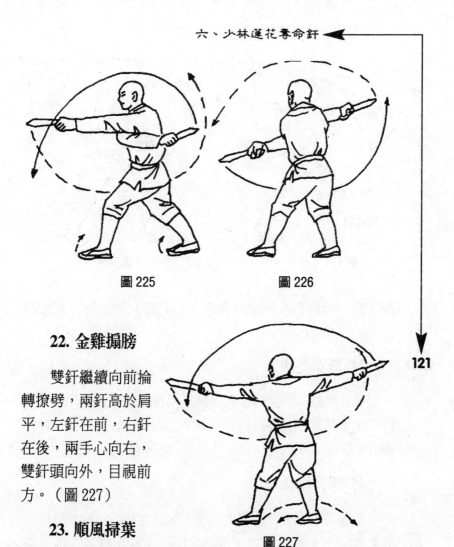

圖 225　　　　　　　圖 226

22. 金雞搧膀

　　雙釬繼續向前掄轉撩劈，兩釬高於肩平，左釬在前，右釬在後，兩手心向右，雙釬頭向外，目視前方。（圖227）

23. 順風掃葉

圖 227

　　右腳尖內旋，抬左腳後退一步落地，同時右釬由後向前掄轉，撩劈於身前方，手心向左，釬頭斜向前，左釬向下撩於右腋下後側，手心向左，釬頭斜向後，目視前方。（圖228）

　　雙釬繼續向前掄轉，撩劈於左側，左釬在前，右釬在

圖 228　　　　　　　　　　　圖 229

後，兩手心向右，釬頭斜向外，右臂壓左臂上方，目視前方。（圖229）

24. 野雀亮翅

雙釬繼續向前掄轉撩劈，展於前後兩側，右釬在前，左釬在後，雙臂伸直高於肩平，兩手心向左，釬頭向外，目視前方。（圖230）

25. 風掃梅花

左腳尖內旋，右腳後退一步，同時左釬由後向前掄轉，劈於身前方，手心向右，釬頭向前，左釬下撩於左腋下後側，手心向右，釬頭向後，目視前方。（圖231）

右腳尖外旋，雙釬繼續向前掄轉，撩劈於右側方，左釬在後，右釬在前，左臂壓在右臂上方，兩手心向左，釬頭斜向外，目視前方。（圖232）

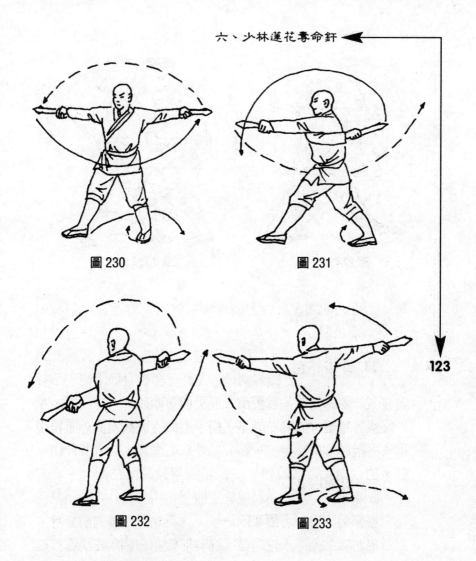

圖 230　　　　　　圖 231

圖 232　　　　　　圖 233

123

26. 白鶴抖翅

　　雙釺繼續向前掄轉撩劈，兩臂前後展開，高於肩部，左釺頭向前，右釺頭向後，兩手心向右，目視前方。（圖233）

圖 234　　　　　　　　　　圖 235

27. 插花蓋頂

抬左腳後退一步，右腳尖內旋，同時右釬向上旋挑於頭上方，手心向右，釬頭斜向後，左釬下落於身前下側，手心向右，釬頭斜向前，目視前方。（圖 234）

兩腳為軸，體向左旋 180 度，抬左腳後退一步，屈膝半蹲，再抬右腳向前半步，腳尖點地成右虛步，同時雙釬隨身勢，由右向左環弧旋轉，左釬屈腕架於頭上左側，手心向下，釬頭向後，右釬屈肘撩於左腋下，手心向外，釬頭斜向外，目視前下方。（圖 235）

抬左腳前上下成左虛步，同時雙釬在左側向右環弧，右釬上架於頭上右側，手心向上，釬頭斜向後，左釬由上向右屈肘撩於右腋下後側，手心向下，釬頭斜向後，目視前方。（圖 236）

圖 236　　　　　　　　圖 237

28. 烏龍進洞

右腳前上半步站立，接著左腳後抬，身向前傾，雙釬經右側向前合併，並於右手猛扎刺點，兩手心向下，釬頭向前，目視雙釬頭。（圖 237）

29. 風旋霹雷

左腳不落地，右腳離地向左上方旋踢，左轉 180

圖 238

度，當全身騰空時，速出左手由左向右拍擊右腳掌內側，同時右釬上挑於頭上右側，手心向左，釬頭斜向前，目視右腳。（圖 238）

圖 239   圖 240

30. 燕子投井

雙腳前後落地，左腳跟離地，右釺由上向下點插，手心向左，釺頭斜向下，左掌環弧上展於頭後左側，掌心向外，掌指向上，目視前方。（圖 239）

少林高僧真靈法師曰：

　　燕子投井奔下穿，直扎強敵肚腹間。

　　單手用力猛一抖，惡徒應聲倒下盤。

　　為非作歹須懲治，方顯少室戒規嚴。

　　作惡輕者身殘廢，作惡重者活命難。

31. 童子捧香

右腳為軸，右轉體180度，左釺隨身勢離地後抬，同時右釺和左手隨身勢環弧，拱於胸前接釺換手，兩手心相對，釺頭向上，目視前方。（圖 240）

圖 241

圖 242

32. 飛上天堂

左腳不落地，抬右腳向右上方彈擺，轉體180度，當全身騰空時，速出右掌由右向左擺擊右腳面，左釬外展於頭上左後側，手心向左，釬頭斜向上，目視右腳。（圖241）

33. 山頭舉火

雙腳前後相距一步下落為軸，向左轉體90度成左橫弓步，左釬上舉於頭上左側，手心向前，釬頭向上，右掌屈肘護於左肋前側，掌心向內，掌指向左，目視右前方。（圖242）

34. 收招歸原

兩腳離地後退半步八字立，身胸挺直，左釬下垂下左大腿外側，手心向後，釬頭向下，右掌下垂於右大腿外側，掌心向內，掌指向下，目視前方。（圖243）

圖 243

少林武師徐敏聖講：

　　祖師傳授奪命釺，快似屠刀勝利箭。

　　秘藏身上護住體，危急之時可應敵。

　　能防群敵來圍困，能擋長槍和短劍。

　　成名高士難下手，軟弱之士更不沾。

七、少林佛塵

（一）少林佛塵簡介

佛塵為歷代僧、道弟子常備手中作為清淨瀟灑和雲遊備用之物。從宋代的伏虎禪師起，佛塵被用作防身武器。並創編了 36 招。後經明代園勝；清代靜修、靜雲、如淨等刻苦研練，又增至 40 招，相傳至今，成為寺內僧人得心應手的武器。

少林佛塵是既方便攜帶，又免除外人注意的一種佛器。在危急時可以防身護體，纏拿敵人兵器，點擊強惡歹徒，也可用封賊盜眼目，懲除攔路搶劫的壞人，是僧道所用的一種防身奇寶。

少林佛塵的技法主要有：甩、掃、纏、崩、點、劈、挑、撩、攔、撥等。它可點上、中、下三盤穴位，還可迷封敵眼目，治服敵人。

靜修法師曰：

> 一把佛塵拿手間，雲遊八方度孝賢。
> 文殊普賢出古寺，慈航觀音到民間。
> 若遇惡人做歹事，移山倒海地翻天。
> 地藏舉它只一展，群賊投降難逃躥。

1. 歌　訣

> 手握佛塵下高山，問路取寶度孝賢。
> 綣起塵沙飛河邊，閻君卯部把名簽。

吉佛登雲提甩岔，羅漢護法力量全。

彌勒地下種花果，陀佛僧衣披在肩。

金剛拜佛拱拱手，鐵腳蹬腿起雲煙。

元始查看萬仙陣，老君爐內煉金丹。

赤精廣成打進陣，太乙黃龍撒寶圈。

玉鼎子牙排兵將，娘娘煉石補乾天。

大仙進洞雷轟頂，旋縫風雷壓泰山。

太公用兵快如山，躍山跳澗似虎歡。

抓草撒豆即成兵，趕風填海地翻天。

如來佛祖單掌搖，扭轉乾坤翻幾翻。

單手一甩塵收起，普度群生用方便。

2. 動作順序

起勢、文殊問路、普賢取寶、觀音普度、羅漢掃塵、接引過河、地藏點卯、靈吉乘雲、準提甩樹、金剛護體、彌勒種瓜、彌陀披娑、金剛朝祖、鐵腳踹斗、玉虛觀陣、老子煉丹、赤精擒敵、廣成打陣、太乙撒寶、黃龍播雲、玉鼎摧騎、太公下令、女媧補天、仙人進洞、天雷霹頂、旋縫風雷、泰山壓頂、太公點將、順風掃葉、仙人指路、翻身跳澗、撒豆成兵、移山倒海、釋迦翻天、收招歸原。

（二）少林佛塵套路圖解

起 勢

足立八字，身胸挺直，左手屈肘握佛塵杆，手心向內護胸前，塵頭垂於左側，右手下垂於右大腿外側，掌心向內，

圖244

圖245

掌指向下，目視前方。（圖244）

1. 文殊問路

　　兩腳為軸，向左轉體90度，左腳前移成左弓步，同時左佛塵下環弧上展於頭上左側，手心向右，塵頭向後；右掌變二指向前指點，手心向下，指尖向前，目視前方。（圖245）

2. 普賢取寶

　　左腳收回半步，成為左虛步，左佛塵屈肘下落胸前，手心向上，塵頭向下，右手指變掌屈肘收回胸前接握塵杆，手心向下，目視前方。（圖246）

3. 觀音普度

　　抬右腳落於左腳前，兩腳為軸，體左轉90度；抬左腳

圖 246　　　　　　　　　圖 247

132

落於右腳後外側成插
步，同時右佛塵隨身
勢在身前上方，由右
向左環弧一圈，然後
甩於右斜上側，手心
向前，塵頭斜向右，
左掌變劍指環弧外展
於左側方，手心向
左，指尖向上，目視
塵頭。（圖247）

圖 248

4. 羅漢掃塵

　　兩腳碾地向左轉體360度成歇步，同時右佛塵隨身勢左
旋一周，甩於左側下方，手心向下；塵頭斜向左，左劍指隨
身左旋一周架頭上左側，手心斜向上，指尖向左，目視左
側。（圖248）

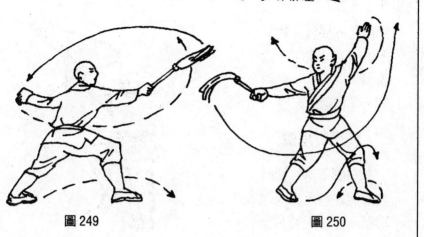

圖249　　　　　　　　　　圖250

5. 接引過河

起身右腳右跨一步，兩腳為軸向右轉體90度，成右弓步，同時，右佛塵在左側，環弧一圈甩於前方，手心向左，塵頭斜向前，左劍指甩於身後左側，手心斜向上，指尖向後，目視前方。（圖249）

6. 地藏點卯

抬左腳前上成高弓步，同時右佛塵由前向上崩甩下落於身後右側，手心向右，尖頭向後，左劍指由後向前環弧上撩於頭前左上側，手心向右，指尖向上，目視右後方。（圖250）

7. 靈吉乘雲

左腳尖外旋，體左轉90度，提右膝成獨立勢，同時右佛塵隨身勢向左上環弧甩撩，手心向前，塵頭斜向右，左劍

指環弧外展於左側斜
上方，手心向下，指
尖斜向上，目視右
側。（圖251）

圖251

8. 準提甩樹

右腳下落，同時
右佛塵在右上方向內
環弧，然後甩於右側
方，手心向前，塵頭
斜向右；左劍指屈肘
護胸，手心向下，指
尖向右，目視右下
方。（圖252）

9. 金剛護體

兩腳碾地，向左
轉體90度，提右膝
成獨立勢；同時右手
佛塵由後向前上方撩
撥甩擊，手心向左，

圖252

塵頭斜向上；左劍指由前向左後上側展開，手心斜向前，劍
指斜向後，目視前方。（圖253）

10. 彌勒種瓜

左腳落於前方一步，右腳後抬，同時右佛塵由上向左後

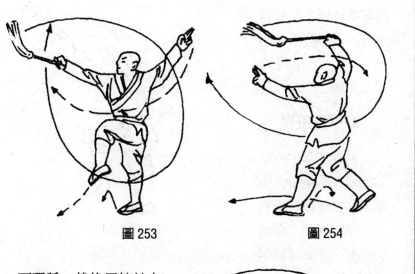

圖253　　　　　　　　　圖254

下環弧，然後甩撩於右
上前側，手心向外，塵
頭斜向前，左手劍指由
後向前撩點於前方，手
心斜向左，指尖斜向
前，目視前方。（圖
254）

　右腳上前一步，左
腳抬起，同時右佛塵由
上向後下方環弧掄轉經
右下側撩於前方，手心

圖255

向左，塵頭向上，左劍指外展於身後左側，手心向下，指尖
向後，目視前方。（圖255）

　左腳落於右腳前右步，兩腳為軸向右轉體270度成歇
步，同時，右佛塵隨身勢向右旋轉環弧纏甩於右側下方，手

圖256　　　　　　　圖257

心向前，塵頭向下，左手劍指隨身勢斜展於左側上方，手心向下，指尖斜向左，目視右下方。（圖256）

11. 彌陀披裟

起身，兩腳為軸體左轉45度，右佛塵由後屈肘向前上方甩撩，手心向內，塵頭斜向前，左劍指由上向下降落於身前，手心向下，指尖斜向前，目視右後側方。（圖257）

12. 金剛朝祖

左腳前上一步下落為軸，體左轉45度，右腳離地後移成左弓步，同時，右佛塵由前向右下後側環弧向上撩劈於前方，手心斜向下，塵頭向下，左劍指變掌，手心向上，托住右手腕，目視前方。（圖258）

13. 鐵腳踹斗

抬右腳向前方彈踢，同時右佛塵環弧向前挑展，手心向

左，塵頭斜向前，左
掌變劍指向左上側上
舉，手心向左，指尖
向上，目視前方。
（圖259）

14. 玉虛觀陣

右腳在前方落地
為軸，向左轉體180
度，左腳速離地向身
後踹踢，同時右佛塵在身後右側環弧後擺，手心向左，塵頭
斜向後，左劍指在身前右側環弧上挑於頭前左側，手心斜向
左，指尖向上，目視右後方。（圖260）

圖258

137

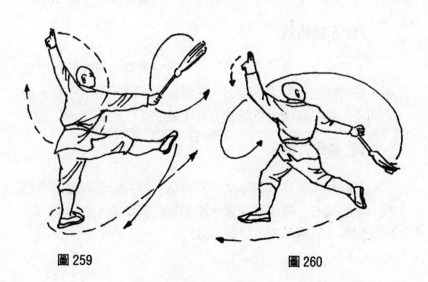

圖259

圖260

圖 261　　　　　　　　圖 262

15. 老子煉丹

左腳下落成左弓步，同時右佛塵由後向前屈肘劈掃，攔纏於左腋後側，手心向內，塵頭斜向後上方，左劍指屈肘護於右肩外側，手心向下，指尖向右，目視前方。（圖 261）

16. 赤精擒敵

右腳前上一步，成右弓步，同時右佛塵由後向前挑撩纏甩，手心向左，塵頭斜向上，左劍指屈肘護於胸前左側，手心向下，指尖向前，目視前方。（圖 262）

17. 廣成打陣

左腳前上一步成左弓步，同時右佛塵尖由前向後上方甩擺，手心向右，塵頭斜向後，左劍指向前點刺，手心向下，指尖向前，目視前方。（圖 263）

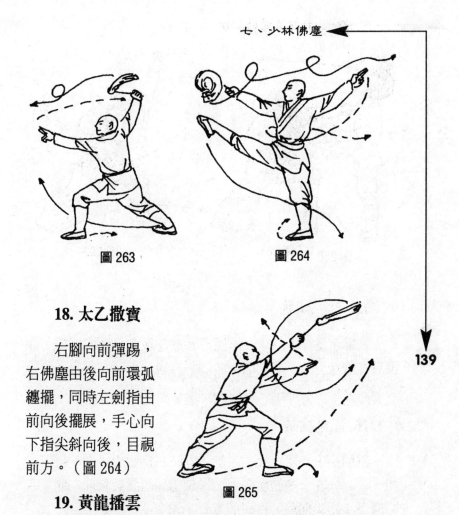

圖263　　　　　　圖264

18. 太乙撒寶

右腳向前彈踢，
右佛塵由後向前環弧
纏擺，同時左劍指由
前向後擺展，手心向
下指尖斜向後，目視
前方。（圖264）

圖265

19. 黃龍播雲

右腳落於身後一步，兩腳為軸，向右轉體180度，成右
弓步，同時右佛塵由後向前，經頭上左側向前環弧兩圈甩於
前上方，手心向左，塵頭斜向前，左劍指隨身勢指向前方，
手心向下，指尖向前，目視前方。（圖265）

圖 266

圖 267

20. 玉鼎摧騎

右腳前移站立，左腳向前彈踢，同時，右佛塵由上向下環弧掃擊於右腿下方，手心向左，塵頭向前，左劍指由前向上展於左側後方，手心斜向右，指尖向上，目視前方。（圖266）

21. 太公下令

左腳在前方一步下落為軸向左轉體90度，提右腿成獨立勢，同時右佛塵由右向下再向外上環弧，然後下劈於右側下方，手心向前，塵頭向下，左劍指外展於頭上左側，手心向前，指尖向上，目視右前方。（圖267）

22. 女媧補天

右腳在右側下落，左腳向左側蹬踢，同時右佛塵由下向上甩擺於右上側方，手心向前，塵頭向右，左劍指由左側環

圖268   圖269

弧外展，手心斜向前，指尖向上，目視右側。（圖268）

23. 仙人進洞

左腳在左側一步下落，兩腳為軸，體左轉90度，成左虛步；同時，右佛塵由後上方向前下劈，擔於小臂上，手心向下，塵頭向下，右劍指點刺於前方，手心斜向前，指尖斜向上，目視前方。（圖269）

24. 天雷劈頂

抬右腳前上一步落地為軸，向左轉體90度，抬左腳成獨立勢，同時右佛塵由身前向右上環弧劈向右側方，手心向前，塵頭向下，左劍指外展於左側斜上方，手心向前，指尖斜向左，目視右側。（圖270）

圖 270　　　　　　　　　　圖 271

25. 旋繞風雷

左腳不落地，右腳向左上方旋踢，體左轉 90 度，當全身騰空時，速出左掌由左向右拍擊右腳掌內側，右佛塵隨身勢展於頭上右後側，手心向外，塵頭向後，目視右腳。（圖271）

26. 泰山壓頂

兩腳前後相距一步下落為軸，向左轉體 180 度，同時，右佛塵由上向下劈擊於身前方，手心斜向下，塵頭斜向前，左劍指上挑於頭前左上側，手心斜向右，指尖向上，目視前方。（圖272）

27. 太公點將

左腳後移，上右步成右弓步，同時，右佛塵由前向上甩挑上舉，手心斜向前，塵頭斜向後，左劍指屈肘護於胸前左

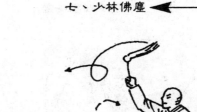

圖272

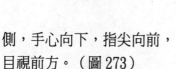

圖273

側，手心向下，指尖向前，
目視前方。（圖273）

28. 順風掃葉

左腳向前蹬踢，右佛塵
由後向前旋轉環弧纏掃，手
心向左，塵頭向後，左劍指
屈肘護於右肩前側，手心向
內，指尖斜向上，目視前
方。（圖274）

29. 仙人指路

左腳在前方下落震腳，右腳前上成右弓步，同時，右佛
塵在上方環弧前劈斜點，手心向左，塵頭向下，左手劍指向
前指點，手心向下，指尖向前，目視前方。（圖275）

圖274

圖 275 　　　　　　　圖 276

30. 翻身跳澗

雙腳向左旋跳，體左轉 270 度，雙腳落地成右仆步，同時右佛塵隨身勢由上向下劈於右側下方，手心向前，塵頭向右，左劍指展於左側前上方，手心斜向前，指尖斜向右，目視右側方。（圖 276）

31. 撒豆成兵

起身，右腳收回半步，兩腳為軸，體右轉 90 度，抬左腳前上半步，腳尖點地變成虛步，同時右佛塵由前向上揚挑甩起，手心向左，塵頭向上，左劍指向前下方下插點擊，手心向左，指尖向下，兩臂交插於胸前，左臂在上，右臂在下，目視前方。（圖 277）

右腳前上一步，同時右佛塵由上向下甩劈，手心向左，塵頭向下，左劍指由前向上展開，手心斜向外，指尖斜向前，目視前方。（圖 278）

圖 277

圖 278

左腳前上半步，右佛塵由下向上挑甩，手心向左，塵頭向上，左劍指由上向下插點，手心斜向左，指尖向下，兩臂交插於胸前，左臂在上，右臂在下，目視前方。（圖279）

32. 移山倒海

兩腳為軸，向右轉體180度，成右虛步，同時，右佛塵隨身勢由後向前上方甩撩於頭前上方，

圖 279

手心向右，塵頭向上，左劍指展於左後側，手心斜向下，指尖斜向後，目視前方。（圖280）

左腳向前抬起，同時，右佛塵由上向下劈掃於左下側，手心向右，塵頭向後，左劍指上挑於頭前上側，手心向右，指尖向上，目視前方。（圖281）

圖 280

圖 281

左腳在前落地，右腳離地
前抬，身向前傾，右佛塵由下
向上甩揚於頭前上方，手心向
左，塵頭向後，左劍指下展於
身後下側，手心向下，指尖向
後，目視前方。（圖 282）

33. 釋迦翻天

右腳在前方下落，左腳向
前抬起，同時右佛塵由前向下

圖 282

甩劈於左下側，手心向右，塵頭向後，左劍指上架頭前上
方，手心向左，指尖向上，目視前方。（圖 283）

左腳碾地為軸，體右轉 270 度；左腳下落，右腳向右橫
跨成右橫弓步，同時，右佛塵隨身勢向右旋轉一周，甩舉於
頭上前方，手心斜向前，塵頭向左，左劍指下插點於襠前，

圖 283

圖 284

手心斜向內，指尖向下，目視前方。（圖 284）

34. 收招歸原

兩腿後退半步併攏站立，身胸挺直；右佛塵下落胸前交於左手，右掌下垂於右大腿外側，掌心向內，掌指向下，左手屈肘接握佛塵杆，手心向內，塵頭向下，目視前方。（圖 285）

圖 285

八、少林鐵笛

（一）少林鐵笛簡介

笛是竹製的樂器，到唐代也是竹製品，能作樂解悶，吹出動人消魂的曲調來。至宋代有用銅和鐵製的笛子，福居和尚將其收集入寺，作為一種既可奏樂，又可習武護院的武器。經寺僧研練創出釋家 18 笛；後經明代圓勝，周福、宋鄉等高僧研練苦修，增至 28 招；後又經清代靜樂如量等研練增至 36 招，相傳至今。

少林鐵笛是僧人平時吹響作樂用的樂器，到民間募化雲遊可以背行李，又可作為護體防身的武器，能抵擋各種長短兵器，是驅賊防盜對付攔路歹徒的得力武器。

少林鐵笛的技法主要有：劈、點、掃、挑、撩、撥、架、攔等。少林鐵笛既像行者棒，又像狀元筆，主要以點穴為主，擅點 365 骨節，108 道重要穴位。

何秀奎老師曰：

鐵笛橫托出深山，消遙雲遊到人間。

廣為民間作善事，普救眾生濟孝賢。

遇到惡人即懲治，羅漢敲鐘點三點。

治敵殘廢倒地下，永遠不再作惡端。

少林弟子葛興聖、解成金講：

從師學習一根笛，消愁解悶護身體。

閒來無事可練功，遇到危急護自己。

長短兵器能遮擋，軟硬器械也能抵。

師傳笛招三十六，歹徒逢之無法避。

1. 歌　訣

一根鐵笛拿手間，行動瀟灑樂無邊。
白猿偷桃單手舉，大鵬展翅飛騰遠。
青龍下水探海泉，猛虎穿進山裡邊。
行走撩起身邊衣，枯樹盤根掃塵煙。
鴿子翻身虎跳澗，金雞提腿轉圓圈。
獅子搖頭蛇進洞，燕子穿身抄水邊。
白鶴單腿立湘江，左右舞花一溜煙。
老虎坐洞穩如石，連環劈打上下翻。
腿下穿笛蛇穿林，當頭蓋頂向下扇。
少林古寺傳宗法，歷代弟子苦研練。
開心取樂雲遊走，危急之時不膽寒。

149

2. 動作順序

起勢、羅漢問路、金剛拜佛、空中飛腳、雁落平沙、摘星換斗、鴻雁展翅、黃龍入海、大鵬斜飛、金蟒穿林、行走撩袍、坐虎橫掃、回身劈山、反手劈山、獨立後掃、鳳凰旋窩、青龍搖頭、黃蜂入洞、紫燕抄水、獨立湘江、大鵬斜飛、行步插花、猿仙坐洞、野鳥旋窩、連環三笛、馬襠穿笛、泰山壓頂、青蛇鑽洞、力劈華山、鳳凰點頭、收招歸原。

圖286　　　　　　　　　　圖287

（二）少林鐵笛套路圖解

起　勢

　　足立八字，身胸挺直，左手握笛，屈肘護於左肋外前側，手心向內，笛頭向上，右掌貼右大腿外側，掌心向內，掌指向下，目視前方。（圖286）

1. 羅漢問路

　　左腳向左橫跨一步，兩腳為軸，向左轉體90度成左弓步，同時右掌由後向前直臂推出，掌心向前，掌指向上，左手握笛護於左肋前側，笛頭向上，目視前方。（圖287）

2. 金剛拜佛

　　兩腳為軸，體右轉180度，提左膝成獨立勢，同時右掌隨身勢向前擺展，掌心向左，掌指向前，左笛屈肘護於胸

圖 288　　　　　　　　　　圖 289

前，手心向內，笛頭斜向前上方，目視前方。（圖 288）

3. 空中飛腳

　　左腳不落地，右腳向右上方彈擺，向右轉體 180 度，當全身騰空時，速出右掌由右向左擺擊右腳面，左笛屈肘握於左肋前側，笛頭斜向上，目視右腳。（圖 289）

4. 雁落平沙

　　雙腳落地，左腳離地前上一步，兩腳為軸，向右轉體 90 度成高仆步，同時右掌橫架頭上前方，掌心斜向前，掌指斜向左，左笛屈肘護於左肋前方，手心向內，笛頭斜向上，目視前方。（圖 290）

圖 290

圖 291　　　　　　　　圖 292

5. 摘星換斗

起身，兩腳為軸，向左轉體 90 度，提右腳成獨立勢，同時雙手接笛交於右手，拱於身前，兩手心相對，笛頭斜向前，笛頭斜向前，目視前方。（圖 291）

6. 鴻雁展翅

右腳前上一步成前插步，同時右笛由前從左向右側掃擊，手心向右，笛頭斜向後，左掌展於左前側，掌心向右斜方，掌指向前，目視右前方。（圖 292）

7. 黃龍入海

右腳尖內旋，抬左腳與右腳併攏成蹲步，同時右笛由後經右側向前掃攔，手心向左，笛頭向前，左手向下迎握笛杆，目視前方。（圖 293）

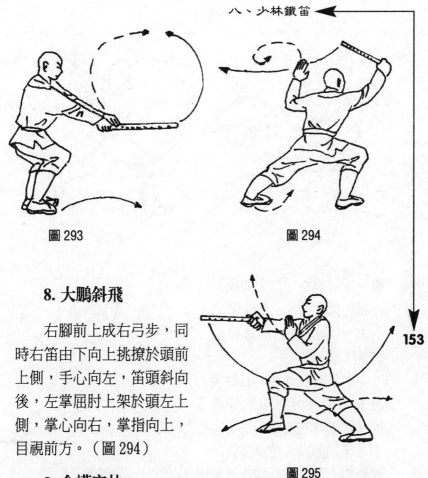

圖 293

圖 294

153

8. 大鵬斜飛

右腳前上成右弓步，同時右笛由下向上挑撩於頭前上側，手心向左，笛頭斜向後，左掌屈肘上架於頭左上側，掌心向右，掌指向上，目視前方。（圖 294）

圖 295

9. 金蟒穿林

兩腳為軸，向左轉體 180 度，成左弓步，同時右笛由後直臂前點，手心向左，笛頭向前，左肘屈肘收護於胸前，掌心斜向前，掌指向上，目視前方。（圖 295）

10. 行步撩袍

右腳上一步，左腳後蹬離地，同時右笛由前向右後甩

圖296　　　　　　　　圖297

154

擊，手心向右，笛頭向後，
左掌上架頭前左上側，掌心
向右，掌指向上，目視前
方。（圖296）

　　左腳向前落地，右腳後
蹬離地，同時右笛向前斜
劈，撩於身左後側，手心向
右，笛頭向後，左掌外展於
左後斜上側，掌心向左，掌
指斜向後，目視前方。（圖297）

圖298

　　右腳向前落地，左腳向後腳尖點地，同時右笛向前上環
弧劈撩於身右下側，手心向外，笛頭向下，左掌屈肘上展於
頭前上方，掌心向右，掌指向上，目視前方。（圖298）

11. 坐虎橫掃

　　右腳為軸，向右轉體270度成歇步，同時右笛隨身勢旋

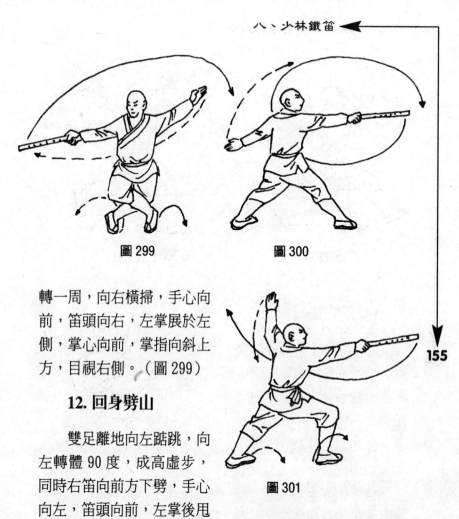

圖 299　　圖 300

轉一周，向右橫掃，手心向前，笛頭向右，左掌展於左側，掌心向前，掌指向斜上方，目視右側。（圖 299）

圖 301

12. 回身劈山

雙足離地向左踮跳，向左轉體 90 度，成高虛步，同時右笛向前方下劈，手心向左，笛頭向前，左掌後甩於身後左側，掌心向外，掌指向後，目視前方。（圖 300）

13. 反手劈山

身體前移，腿成右弓步，同時右笛環弧一圈劈向前方，手心向左，笛頭向前，左掌上架於頭上左側，掌心斜向左，掌指向上，目視前方。（圖 301）

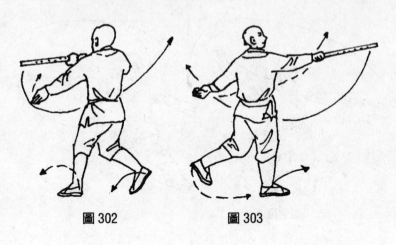

圖302　　　　　　圖303

14. 獨立後掃

抬左腳落於右腳後為軸，向左轉體135度，提右腳成獨立勢，同時右笛由後向前橫掃，手心向左，笛頭向前，左掌下落於身前，掌心斜向上，掌指斜向前，目視前方。（圖302）

15. 鳳凰旋窩

右腳在後落地為軸，體右轉135度，左腳抬起，同時右笛由後向前，旋掃於身前方，手心向左，笛頭向前，左掌撩於身後，掌心向上，掌指向後，目視前方。（圖303）

16. 青龍搖頭

左腳落於右腳後為軸，向左轉體180度，右腳抬起，同時右笛由後向前挑撩點擊，手心向左，笛頭向前，左掌外展於身後左側，掌心向外，掌指向上，目視笛頭。（圖304）

圖 304　　　　　　圖 305

17. 黃蜂入洞

　　右腳向後一步下落，兩腳為軸，向右轉體 180 度成右弓步，同時右笛由後向下，經左側向前方點擊，手心向左，笛頭向前；左掌環弧上架於頭前左上側，掌心斜向下，掌指向前；目視前方。（圖 305）

18. 紫燕抄水

　　抬右腳後退半步震腳下落，再抬上左步成左弓步，同時右笛環弧前挑，撩於前下方，手心向左，笛頭斜向前，左掌由前上架於頭前上方，掌心向右，掌指斜向上，目視前方。（圖 306）

圖 306

圖307　　　　　　　圖308

　　兩腳為軸，體右轉180度，成右弓步，同時右笛由後向下，經左側向前方撩擊，手心向左，笛頭向前，左掌屈肘護於右手內側，掌心向下，掌指斜向右，目視前方。（圖307）

19. 獨立湘江

　　提左腳以右腳為軸，向右轉體180度，成獨立勢，同時右笛由後向前劈擊於前方，手心向左，笛頭向前，左掌上架於頭上左側，掌心斜向前，掌指向上，目視前方。（圖308）

20. 大鵬斜飛

　　右腳為軸，體左轉180度，左腳向後蹬踢，同時右笛由後向前上環弧下落，然後撩展於身後右側，手心向右，笛頭向後，左掌環弧上架頭前左側，掌心向右，掌指向上，目視

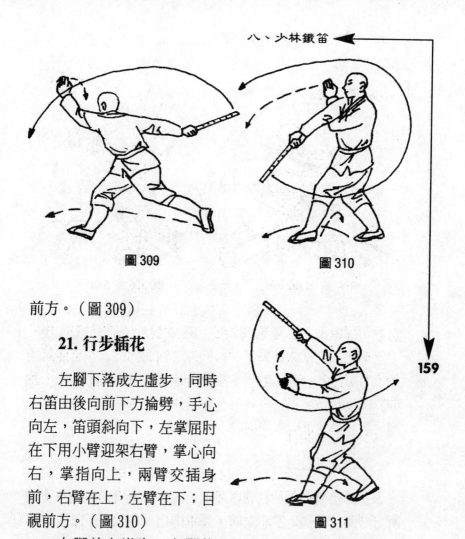

圖309

圖310

圖311

159

前方。（圖309）

21. 行步插花

左腳下落成左虛步，同時右笛由後向前下方掄劈，手心向左，笛頭斜向下，左掌屈肘在下用小臂迎架右臂，掌心向右，掌指向上，兩臂交插身前，右臂在上，左臂在下；目視前方。（圖310）

右腳前上半步，左腳後抬，同時右笛由前經左側向後上環弧，掄劈於身前上方，手心向左，笛頭斜向前，左掌下落胸前方，掌心斜向下，掌指向前，目視前方。（圖311）

左腳前上一步，右腳後抬，同時右笛由前經下向左後方劈撩，手心向右，笛頭向後，左掌在下用肘迎架右臂，掌心

圖 312

圖 313

向右，掌指向上，雙臂胸前交插，右臂在上，目視前方。
（圖 312）

　　右腳前上一步，左腳後抬，同時右笛由後向前環弧，上
架於頭後右側，手心斜向上，笛頭斜向後，左掌按於身後左
側，掌心斜向下，掌指向前，目視前方。（圖 313）

22. 猿仙坐洞

　　左腳前上一步，右腳跟離地，兩腿成跪步，同時左掌屈
肘上架頭右前側，掌心向右，掌指向上，右笛由後向前掄劈
於左後下側，手心向內，笛頭向後，右臂壓左肘上方，目視
前方。（圖 314）

23. 野鳥旋窩

　　兩腳碾地，向右轉體 90 度成蹲步，同時右笛由左向右
環弧下劈，手心向下，笛頭斜向右，左掌外展於左側，掌心

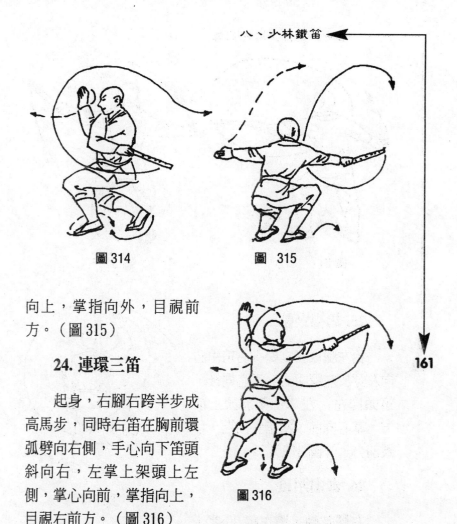

圖 314　　　　　　圖 315

圖 316

向上，掌指向外，目視前方。（圖315）

24. 連環三笛

起身，右腳右跨半步成高馬步，同時右笛在胸前環弧劈向右側，手心向下笛頭斜向右，左掌上架頭上左側，掌心向前，掌指向上，目視右前方。（圖316）

雙腳向右踮跳一步，成高馬步，同時右笛在胸前環弧劈向右側，手心向下，笛頭向右，左掌撩甩於左側，掌心向上，掌指向左，目視右前方。（圖317）

雙腳向右踮跳成高馬步，右笛在身前環弧劈向右側，手心向下，笛頭斜向右，左掌外展於左側，掌心斜向下，掌指向左，目視右前方。（圖318）

161

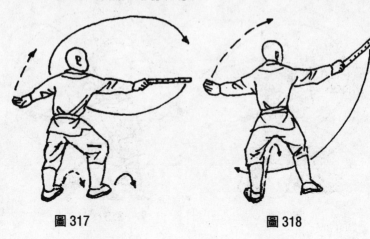

圖 317

圖 318

162

25. 馬襠穿笛

抬左腿成獨立勢，右笛由右向左穿於左腿下方，手心向後，笛頭向左，左掌上架於頭上前方，掌心向前，掌指斜向上，目視前方。（圖 319）

26. 泰山壓頂

右腳為軸，體左轉 90 度，左腳前落成右高弓步，同時右笛由後向上環弧，掄劈於前方，手心向左，笛頭斜向前，左掌外展於身後左側，掌心向左，掌指向後，目視前方。（圖 320）

27. 青蛇鑽洞

兩腳為軸，體右轉 180 度，提右膝成獨立勢，右笛由左

圖 319

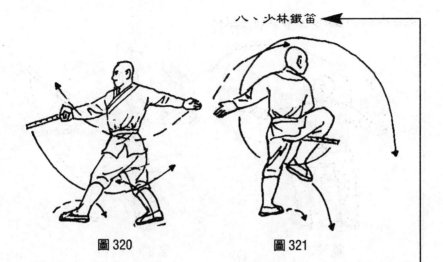

圖 320　　　　　　圖 321

向右穿於右腿下方，手心向左，笛頭斜向前，左掌展於身後側方，掌心向左，掌指向後，目視前方。（圖321）

28. 力劈華山

右腳前落成右弓步，同時右笛由下向後經左側環弧向上劈向前下方，手心向下，笛頭斜向前，左掌外展於身後左上側，掌心向後，掌指斜向上，目視笛頭。（圖322）

29. 鳳凰點頭

右腳收回半步成右虛步，右笛向上挑點，手心斜向下，笛頭斜向上，左掌外展於身後左側，掌心斜向外，掌指斜向後上側，目視前方。（圖323）

圖 322

163

圖 323　　　　　　　　圖 324

　　左腳後退一步，成右弓步，右笛向下點擊，手心向下，笛頭斜向前下方，左掌展於左後上側，掌心向外，掌指向上，目視前方。（圖 324）

30. 收招歸原

圖 325

　　抬左腳上步與右腳併攏，兩腳為軸，向右轉體 90 度，八字站立，右笛交於左手，屈肘握笛桿，護於左肋外側，手心向內，笛頭向上，右掌貼於右大腿外側，掌心向裡，掌指向下，目視前方。（圖 325）

少林武師徐祇符曰：

　　　　一根笛兒雙手顯，雲遊在外太清閒。

　　　　當年有個張子房，吹散項羽兵百萬。

　　　　能解人間愁和悶，消魂動魄鎮心肝。

　　　　先師傳下奇妙藝，防身護體看家園。

九、少林山河帶

（一）少林山河帶簡介

山河帶出於唐代，宋代時傳入少林寺，福居方丈收集入寺作為軟器械，教僧眾練習。少林山河帶是一種絲製品，帶頭上有疙瘩，開始時有 28 招。經明代同隨、同梁；清代海參、湛舉、湛春、寂勤、寂袍、淳錦、淳智等研練後又精選出 8 招，共有 36 招，由清末民初時貞秋、貞俊、貞緒、貞和等繼承至今，相傳至今，成為有名的少林乾坤地理山河寶帶。

165

少林山河帶具有攜帶方便，攻防自由，壯膽驅邪的作用，是抗拒攔路搶劫和歹徒突然襲擊時的好武器。它能擒拿纏繞敵人的兵器，使對手失去進攻能力，投降敗陣。

少林山河帶的技法主要有：甩、掃、撩、纏、繞、劈、旋、轉、抖等。分上、中、下三盤進攻敵人。頭部、腰部、腿部被纏繞者即敗陣倒地，難架防又難破，是少林僧人的護身奇寶。

鐘中義老師曰：

佛門少林山河帶，藏在身邊似龍盤。

遇到危急撒開手，形似怪蟒出洞天。

好似劉海撒金錢，雙龍出水各爭先。

群敵一見心害怕，敗陣逃跑回家園。

1. 歌　訣

　　乾坤地理山河帶，裝在身中用方便。
　　遇到危險抖雙手，形似活龍上下翻。
　　抖手蟒蟒盤古樹，雲頂旋起蓮花圍。
　　白鶴亮翅向上起，腋下藏住龍一盤。
　　後走黃龍大甩尾，前走大仙耍金錢。
　　橫走金龍盤玉柱，撥開草棵把蛇斬。
　　野馬跑開操糧田，枯木逢春把根盤。
　　雙帶抖開劍出鞘，大蟒回頭把身翻。
　　捲地黃風一溜煙，地堂變化敵膽寒。
　　地下滾動似活龍，二龍相爭把虎纏。
　　青蛇回頭朝佛祖，白蛇入洞力更添。
　　癩狗猛闖鑽襠下，兩邊上下舞花蓮。
　　喜雀爭巢互不讓，雙龍鬥寶各爭先。
　　真君擔山挑在肩，孫子排兵到陣前。
　　走開乾坤山河帶，不怕槍刀棍劍鞭。
　　橫豎衝刹只一陣，雙手一抖收身邊。
　　少林古刹傳宗寶，世代弟子苦研練。

2. 動作順序

　　起勢、風繞河山、雙龍盤柱、插花蓋頂、白鵝展翅、葉下藏花、烏龍擺尾、劉海耍錢、金蟒纏樹、撥草尋蛇、野馬操田、枯樹盤根、金龍盤柱、雙刀出鞘、青龍回頭、大蟒翻身、繞地旋風、地下插花、滾動活龍、雙龍纏虎、回頭顧祖、烏龍鑽洞、獵犬躍襠、左右插花、金鳳奪窩、二龍戲

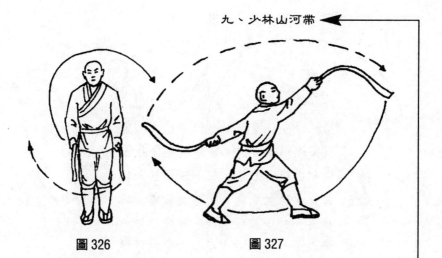

圖 326　　　　　　　圖 327

珠、二郎擔山、孫武布陣、收招歸原。

（二）少林山河帶套路圖解

起　勢

足立小八字，身胸挺直，雙手握帶，下垂於兩大腿外側，目視前方。（圖 326）

1. 風繞河山

兩腳為軸，向左轉體 90 度，抬左腳前上一步成叉步，同時雙手帶向前後甩開，右帶在前，左帶在後，兩帶頭斜向外，目視前方。（圖 327）

兩帶繼續向前掄轉，左帶掄於左前側，右帶掄於左後側，右臂壓在左臂下面，目視前方。（圖 328）

兩帶繼續向前掄轉半圈；兩帶頭向外；雙臂十字交插於胸前，左臂在外，右臂在內，目視左前方。（圖 329）

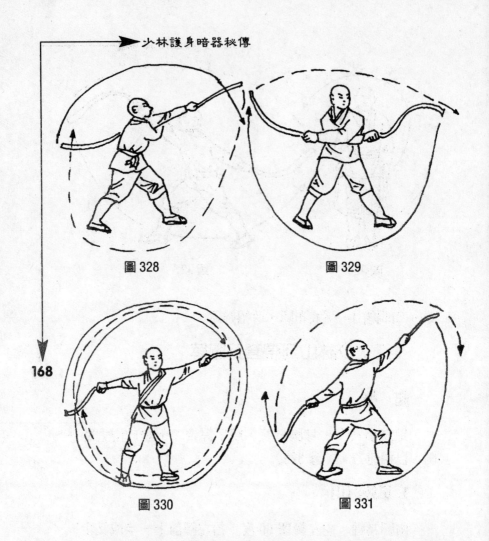

圖 328　　　　　　　　　圖 329

圖 330　　　　　　　　　圖 331

　　兩帶繼續向前掄轉半圈帶頭向外，雙臂外展於前後兩
側；目視右前方。（圖 330）

　　右腳前上一步成右弓步，同時雙帶經身前兩側向前掄轉
一圈半，右帶在前，左帶在後，兩帶前後斜展，帶頭斜向
外，目視前方。（圖 331）

　　雙帶繼續向前掄轉半圈，左帶在前，右帶在後，兩帶頭

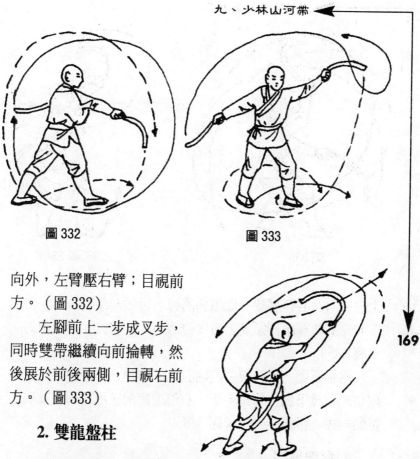

圖 332

圖 333

圖 334

向外，左臂壓右臂；目視前方。（圖332）

左腳前上一步成叉步，同時雙帶繼續向前掄轉，然後展於前後兩側，目視右前方。（圖333）

2. 雙龍盤柱

左腳為軸，右腳離地，向右轉體270度成右虛步，同時右帶隨身勢右旋於頭上左側，帶頭向左，左帶經下方旋轉一圈，纏甩於身後左下側，帶頭斜向下，目視右前方。（圖334）

3. 插花蓋頂

兩腳為軸，向左轉體90度，成左虛步，同時右帶經頭

圖335　　　　　　　　　　　　　　　　圖336

上由右向左旋轉纏繞一圈甩於前方，帶頭向左前方，左帶由右向左旋轉纏繞於頭前上方，帶頭斜向右前方，目視前方。（圖335）

　　兩腳不動，雙帶再由左向右上下旋轉，左帶由後向前帶纏甩於右後下側，帶頭向下，右帶由前向後甩於頭上後側，帶頭向後，目視前方。（圖336）

4. 白鵝展翅

　　兩腳為軸，向右轉體90度，提左腿成獨立勢，同時雙帶由右向左上下環弧，向兩側抖展，兩帶頭向兩側勾纏，目視前方。（圖337）

5. 葉下藏花

　　右腳為軸，體左轉90度，左腳在前半步落地，右腳向前彈踢，同時雙帶由左向右旋轉纏繞，右帶由後右旋半圈甩

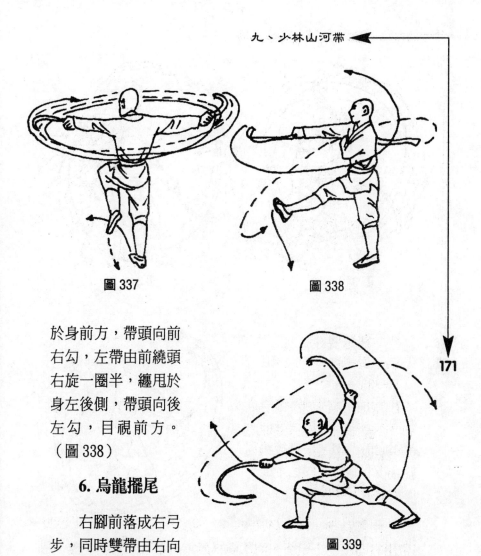

圖 337 圖 338

於身前方，帶頭向前
右勾，左帶由前繞頭
右旋一圈半，纏甩於
身左後側，帶頭向後
左勾，目視前方。
（圖 338）

6. 烏龍擺尾

　右腳前落成右弓
步，同時雙帶由右向
左旋轉擺動，左帶甩

圖 339

擺於身前，帶頭向前左後勾，右帶擺於頭上右側，帶頭向前
內勾，目視前方。（圖 339）

圖 340

圖 341

7. 劉海耍錢

前腿直起成叉步，同時雙帶向後上倒甩輪臂旋轉，右帶後掄環弧，甩於身前，帶頭向前上勾，左帶後掄甩於身後右側帶頭向後下勾，目視前方。（圖 340）

左腳前上一步成左虛步，同時雙帶繼續向後倒掄甩劈，右帶甩於頭上後側，

圖 342

帶頭向後，左帶甩於身前下方，帶頭向前，目視前方。（圖 341）

雙帶繼續向後掄轉甩劈一圈半，右帶甩於前方，帶頭斜向上，左帶甩於身後，帶頭斜向下，目視前方。（圖 342）

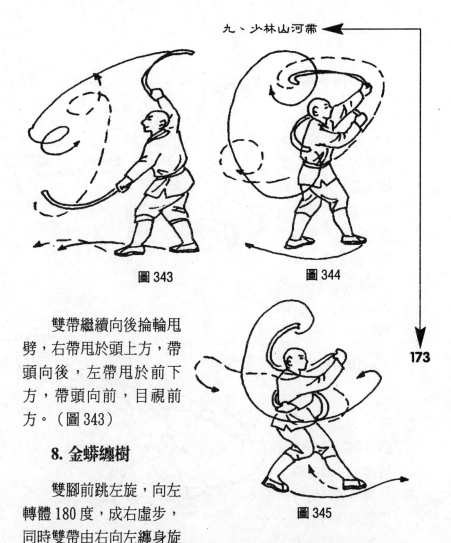

圖 343

圖 344

圖 345

雙帶繼續向後掄輪甩劈，右帶甩於頭上方，帶頭向後，左帶甩於前下方，帶頭向前，目視前方。（圖343）

8. 金蟒纏樹

雙腳前跳左旋，向左轉體180度，成右虛步，同時雙帶由右向左纏身旋轉，左帶旋於頭左上側，帶頭向前，右帶纏繞腰間左後側，帶頭纏向右側向前，目視前方。（圖344）

右腳後撤一步成左虛步，同時雙帶由左向右纏繞旋甩，右帶甩於頭右上側，帶頭斜向右，左帶甩纏腰後左側，帶頭繞身前向右後勾，目視前方。（圖345）

9. 撥草尋蛇

右腳前上一
步，左腳後踢，同
時雙帶由右向左旋
轉掃擊，右帶掃纏
於身前方，帶頭向
前左後勾，左帶掃
纏於身後斜上側，
帶頭向後下勾，目
視 前 方 。（ 圖
346）

圖 346

174

10. 野馬操田

左 腳 在 後 下
落，右腳向前彈
踢，同時雙帶由前
後向右甩擺掃纏，
左帶甩纏於前方，
帶頭向前右後勾，
右帶甩纏於身後，
帶頭向後左前勾，
目視前方。（圖 347）

圖 347

11. 枯樹盤根

右腳在前方半步下落，左腳前上一步，兩腳為軸，向右

轉體 90 度，成左橫弓步，同時左帶由右向左繞頭上旋轉一圈半，甩纏於頭上後側，帶頭向後，右帶由兩腳下掃過，然後由右向左掃於身前左下方，帶頭向左，目視前下方。（圖348）

圖 348

12. 金龍盤柱

左腳為軸，抬右腳，向右轉體180 度，成左仆步，同時右帶由左向右繞頭上旋轉外甩，帶頭甩向頭上前方右勾，左帶隨身勢旋掃於身後下側，帶頭斜向下，目視左前方。（圖349）

圖 349

175

13. 雙刀出鞘

起身兩腳為軸，向左轉體 90 度，右腳離地，同時雙帶由後向前抖出，兩帶頭向前，目視前方。（圖350）

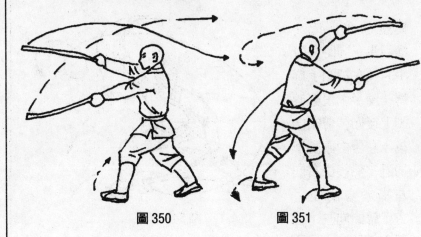

圖 350　　　　　　圖 351

14. 青龍回頭

右腳在後落地，兩腳為軸，體右轉 180 度，同時雙帶由後向前抖出，帶頭向前，目視前方。（圖 351）

15. 大蟒翻身

圖 352

兩腳碾地，向左轉體 180 度，成左弓步，同時雙帶由後向前甩擺，帶頭向前左勾，目視前方。（圖 352）

左腳為軸，右腳離地，向右轉體 360 度，右腳前落成右弓步，同時雙帶隨身勢。由左向右甩擺，掃擊於身前方，雙帶頭向前右勾，目視前方。（圖 353）

16. 綣地旋風

兩腳離地內收為軸，向左轉體 180度，兩腳落地，伸腿坐地，同時右帶由後經右側向前旋掃於頭前上方，帶頭向後，左帶由後經右下方向左旋掃於身前方，帶頭斜向左，目視前方。（圖354）

圖 353

17. 地下插花

兩腿連臀上彈離地，同時右帶由上向下環弧，經身下向左旋掃一圈，然後掃於右側方，帶頭沿地斜向前，左帶由前向上環弧左旋，甩於頭上左側，帶頭向後，目視前方。（圖355）

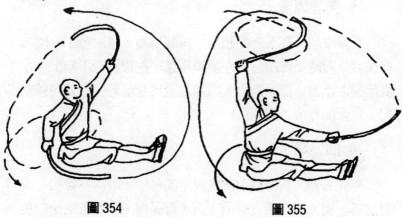

圖 354   圖 355

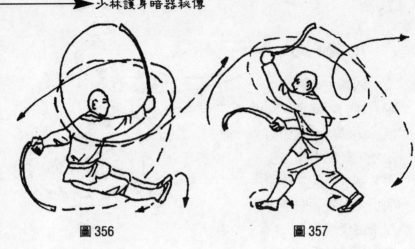

圖 356   圖 357

18. 滾地活龍

兩腳連臀部同肘上彈離地,同時左帶由上向後下環弧左旋,經身下旋掃於身後右側,帶頭斜向右下側,右帶由右下側向上環弧,左旋於頭上前方,帶頭斜向後,目視前方。（圖 356）

19. 雙龍纏虎

雙腳離地,臀部上彈起身,兩腳為軸,體左轉 180 度,成叉步,同時雙帶由右向左旋轉環弧,左帶經身下向上,左旋於頭上後方,帶頭向上,右帶左旋於身前方,帶頭向前左勾,目視前方。（圖 357）

20. 回頭顧祖

兩腳為軸,右轉體 180 度成右高弓步,同時左帶由上向左旋掃一圈,然後掃於身前下方,帶頭向下,右帶由後向前

圖 358　　　　　　　　　　　圖 359

右旋一圈，掃甩於頭上方，帶頭向下，目視右前方。（圖
358）

21. 烏龍鑽洞

右腳離地，移於左腳後半步為軸，向右轉體 180 度，左
腳向前彈踢，同時右帶由上向下斜抖，鑽於左腿下後側，帶
頭向後；左帶由後向上，甩舉於頭上左側，帶頭斜向上，目
視前方。（圖 359）

22. 獵犬躥襠

左腳前落，右腿前彈，同時右帶由下向上環弧後落，然
後由右外側，向腿下前躥，帶頭斜向前，左帶由上向後下
落，經左下側前甩於頭上方，帶頭向後，目視前方。（圖
360）

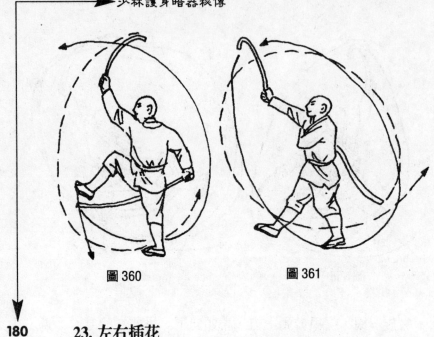

圖 360　　　　　　　　圖 361

23. 左右插花

右腳前下落，成右虛步，同時右帶由前向後，再向上掄轉於頭前上方，帶頭向前下勾，左帶由上、向前下方掄轉，撩於右後下側，帶頭斜向下，目視前方。（圖 361）

兩腿成叉步，同時雙帶繼續向前上下掄轉劈擊，右帶掄轉於頭上前方，帶頭斜向上；左帶掄劈於身後左下側，帶頭斜向後，目視前方。（圖 362）

24. 金鳳奪窩

兩腳向前方旋跳，向右轉體 270 度成右橫弓步，同時右帶隨身勢右旋，環弧上甩頭上方，帶頭向左，左帶隨身勢旋轉，纏甩於身前右側，帶頭斜向右，目視前方。（圖 363）

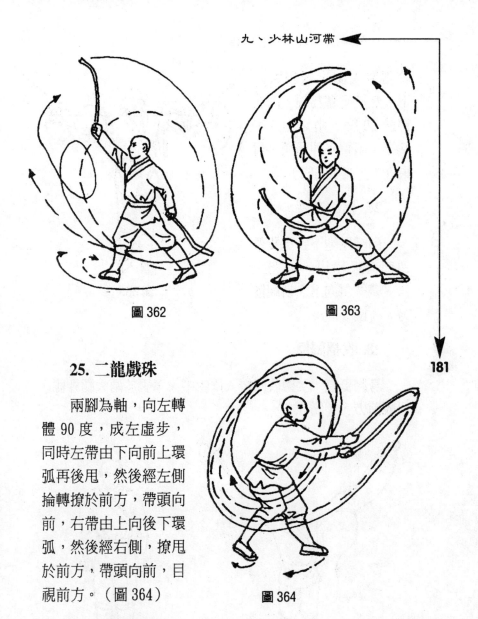

181

圖 362　　　　　　圖 363

25. 二龍戲珠

　　兩腳為軸，向左轉
體 90 度，成左虛步，
同時左帶由下向前上環
弧再後甩，然後經左側
掄轉撩於前方，帶頭向
前，右帶由上向後下環
弧，然後經右側，撩甩
於前方，帶頭向前，目
視前方。（圖 364）

圖 364

26. 二郎擔山

　　雙帶由前收回經兩側，向後上環弧，向前掄轉兩圈纏繞

於兩臂周圍，兩帶頭向
下，然後兩腳為軸，向右
轉體 90 度，兩足小八字
站立，兩臂平伸展開，目
視前方。（圖 365）

圖 365

27. 孫武布陣

兩腳原地不動，雙帶
由前向後掄甩，展開上
抖，帶頭斜向上，目視前
方。（圖 366）

182

28. 收招歸原

身胸挺直，雙帶收回繞入兩手中，下垂於兩大腿外側，
目視前方。（圖 367）

圖 366

圖 367

十、少林飛鏢

（一）少林飛鏢簡介

　　在隋唐時期發展有鏢法。宋代福居禪師把鏢法收集入寺，成為少林飛鏢。後元、明、清歷代高僧，惠矩、智聚、子安、覺遠、覺訓、本整、可政、悟雷、洪榮、廣順、同替、玄志、清蓮、如浮、海參、湛舉、湛春、湛化等對飛鏢都有較深的造詣，共有12種打法，流傳至今。

　　少林飛鏢在寺內主要供寺僧練武防身，對付賊盜偷襲寺院搶劫財產及雲遊募化時，抗擊攔路的賊人和懲治惡徒之用，是得心應手的暗器之一。

　　少林飛鏢的技法主要用於迎面打、左側打、右側打和背後打，每方分上、中、下三盤。有一手發打，也有雙手發打。

　　如浮法師曰：

　　　　小小飛鏢妙無雙，雙手發打似飛蝗。

　　　　若有盜賊來襲我，中上飛鏢必受傷。

　　　　輕者疼痛流鮮血，重者危急一命亡。

　　　　未曾用法先高喊，強敵害怕敗回鄉。

1. 歌　訣

　　　　單手肋下摸一把，急把金鏢手中拿。

　　　　抖手一鏢打出去，直奔敵人兩肋下。

　　　　袖手一鏢又打去，飛奔對手兩顴頰。

合手發鏢急又快，毒蛇尋窩咽喉發。

甩手鏢打敵面門，反手背後敵躺下。

回手側後敵難躲，偷手鏢法腋下挾。

迎手鏢打中心路，摟手身後敵人爬。

探手海底倒撒寶，雙手發鏢力更佳。

發鏢分為三處打，三盤部位上中下。

上打咽喉並頭面，中奔兩肋心窩撒。

下打底襠和膝蓋，擊重兩臁把敵抓。

少林鏢法去的準，賊盜歹徒難抵它。

大喊一聲打敵手，佛門容人客氣法。

祖師流傳驚人藝，雲遊天下都不怕。

2. 動作順序

1. 取鏢手法
2. 抖手打法
3. 袖手打法
4. 合手打法
5. 甩手打法
6. 反手打法
7. 回手打法
8. 偷手打法
9. 迎手打法
10. 摟手打法
11. 探手打法
12. 雙手打法
13. 飛鏢的練法

（二）少林飛鏢技法說明

1. 取鏢手法

囊一般帶在右肋下邊，用右手從鏢囊取出鏢，托在手中，鏢頭向前，如果取出後想雙手發鏢，可以交於左手一支，一個鏢囊可以裝3支、6支、7支、9支、12支，甚至13支。

慣用左手發鏢者，也可以把鏢囊帶在左肋下，用左手取鏢直接發打；或者取出多支，交於右手一半，雙手齊發。只要練習日久天長，一定能打準目標，兩手效果同樣。

2. 抖手打法

手從鏢囊中抓出鏢後，手心向前，緊接手指由下向前微翹，手腕、小臂、肘、大臂同時用力向前送勁，猛力一抖手，鏢從手中射出，鏢頭奔預定的方向。

這種方法適合打對方上中下各部穴位，如頭面、胸腹、襠、兩膝、兩踝骨和後腦、後心、尾尖、委中、小腿等，它主要用於迎面打法，或者敵人逃跑時從敵方背後打之。左右兩手打法完全一樣。

3. 袖手打法

手從鏢囊中取出鏢以後，手心向內，緊接手指、手腕、小臂、肘、大臂等同時用力，向前方猛一送勁，鏢從手中射出，按預定方向打去。

這種方法適合打對方側邊各部位，如側前方的上盤太陽、肩尖，中盤肘邊、腹膀，下盤胯膝腿等部位。我如果右手發鏢，可打對方左前側各部，如果左手打鏢，可打對方右前側各部位，雙手齊發可打對方左右前側，兩手用法相同。敵如逃跑時，也可擊敵人背後側邊各部位。

4. 合手打法

手從鏢囊中取出鏢以後，屈肘上抬，高與乳平，手心內旋向下，緊接單臂、手肘腕全部用力，向前猛力送勁，奔預定方向打去。此法也適合迎面打咽喉、頭面、胸腹、膝踝等各部，敵人如逃跑，也可從背後打腦、後心、後胯、委中、小腿等部位。

5. 甩手打法

手從鏢囊中取出鏢後，手向側邊甩，手心向前，手腕、小臂、肘和大臂等同時用力，向側外方向打去，按預定方向射擊，可以打從側邊攻來的敵人。右邊來敵，右手向右側甩打；左邊來敵，左手向左側甩打，這些都適合甩手打法。此法也可以打從背後攻來的敵人，手向身後側甩打，也是右手打右後側，左手打左後側。

6.反手打法

手從鏢囊取出鏢以後，迅速曲肘向上反腕，掌心由肩頭上方向後曲腕斜向下，手腕、小臂、肘、大臂等同時用力，迅速猛向後送勁，鏢即射向身後預定方向。兩手都可以從兩肩頭上方向後發打，右手可走左肩上，左手也可走右肩上。發打射擊的主要目標是敵人頭面、咽喉等處。

7. 回手打法

手從鏢囊取出鏢以後，迅速屈肘，經胸前向橫側方，手腕、小臂、肘和大臂等同時用力猛送勁，向預定方向射擊，右手發鏢向左側橫打，左手發鏢向右側橫打，主要用於打擊側邊的敵人。此法也可以擰身回手，射擊背後的敵人，左右手用法同樣。

8. 偷手打法

右手從鏢囊取出鏢以後，手心向內，屈肘經胸前向左，抬左大臂屈肘閃門，右手鏢走左腋下向後曲腕送臂，猛力發出，向身後預定方向射擊。

同樣左手也走右腋下向後發打，擊打身後攻來的敵人，目標為兩肋和腹部。兩手都可以發打，效果相同。

9. 迎手打法

右手從鏢囊取出鏢以後，手心急向內下翻，手腕、小臂、肘等同時用力向前旋勁發打。左手心同時屈肘在胸前，迎擊右手腕內側，右掌心向下，左掌心向上接迎右腕，鏢向前方預定方向射擊。主要打敵人中部頭、咽、腹胸和下肢膝蓋等部位，在敵人敗逃時，也可打背面的後腦、後心、腿肚等處。

10. 摟手打法（又名勾手打法）

手從鏢囊取出鏢以後，手心向後摟手，腕、小臂、肘等同時用力向後摟打，猛力後勾摟手，即奔預定方向打去。

左手發鏢可從左側後勾摟打；右手發鏢可從右側後勾摟打；雙手也可同時發鏢後勾摟打。此法主要打背後追來敵人的身前各部位。

11. 探手打法

①右手從鏢囊取出鏢以後，急抬左腿，右手心向後，屈肘經身前向下，從左大腿下邊向後探打，奔預定方向打去。主要打敵人襠、膝、腿等部位。如果左手發鏢，從右大腿下邊向後發出，兩手探打用法相同。

②手從鏢囊取出鏢以後，急向前探身，兩腿拉開成馬步，手拿鏢迅速屈肘，經身前由襠下按預定方向射擊。主要是打敵人防而不備，擊敵方小腹和襠、膝蓋、腿部等處。

188

12. 雙手打法

此法是說不光右手能發打飛鏢，左手也同樣能發打飛鏢；而且雙手可同時發打飛鏢。精於此法四面八方都可射擊。

13. 飛鏢的練法

用草紮成草人，先用各種初級打法，相距 2 至 3 步遠，練過 3 個月後，可離 7 至 8 步。練習時，每天早午晚 3 次發打射擊，每次打 100 鏢。如果每次不落空，練過 3 個月後可離 10 至 12 步。再過 3 個月可離 15 步至 17 步。再 3 個月可以離 20 步。如還能鏢鏢不落空，雙手齊發都能射中，那麼可以把草人縮小一倍，這一般需半年之功。如果半年後練熟，個個不落空可縮小一倍，如此半年一縮小，經過 3 年後，可以縮小至鴨蛋大小也，如此 6 年可打香頭。

　　在牆上畫圈子練習發打也可以，先畫一個人大的圈子，經過 3 年的苦練，可以縮成雞蛋大小。如果鏢鏢打中不落空，最後雙手發打射擊，各種打法姿勢，都練熟以後到 6 年時，可以用點燃的香燃插在 20 步遠的牆上，黑天時用鏢發打射滅火頭，如鏢鏢中的，此時鏢法即成。

十一、少林梅花截木針

（一）少林梅花截木針簡介

少林梅花截木針出於唐代聶隱娘，後宋初時少林女弟子穆春俠（伏虎大禪師的弟子）把針傳入少林，以後又經歷代高僧惠深、智安、覺訓、可政、悟雷、洪榮、廣順、同隨、祖月、清蓮、靜修、真靈、如淨等經常研練，相傳至今。

它由 13 根針組成，由銅、鐵製成，以後也有用鋼或金製成的，有大中小三種形號，大者長 4 指，中者 2 指半至 3 指長，小者長 1 指半至 2 指，大針粗如線，小者細如絲，是少林古寺多年秘傳的防身暗器。

少林截木針在寺內供寺僧研練，可用於防身護體，鎮宅護院。雲遊在外，募化四方，可以用它懲治攔路賊人和惡霸，是攜帶方便的暗器。

少林截木針的主要技法有多種，有的用手發打射擊，有的用指發打射擊，有的用氣摧動發射（大號針用手發、中號針用指發、小號針用氣發），目標為敵人面部、腕部、頸部、手部和全身主要穴位，擊敵時可以前後左右上下隨意應用。

如淨法師曰：

小小手針十三根，全憑精意用心神。

金眼身心合一體，百發百中傷敵人。

萬不得以用此寶，強敵一見走真魂。

先師授給驚人藝，懲罰惡歹濟憐貧。

1. 歌　訣

截木針法藝驚天，巧女紉針急如箭。
前發青龍出水面，後發劉海撒金錢。
左發大仙來甩袖，右發天王把令傳。
上發摘星換日月，下發火地種金蓮。
遠處手發五十步，近處指捻二十三。
若還相距七八步，以氣摧動口中含。
敵人逢上截木針，總有神手也犯難。
輕者傷身損耳目，重者性命染黃泉。
不準亂使斯為貴，仗技欺人非好漢。

2. 動作順序

1. 手發針法：前發針，後發針，左發針，右發針，上發針，下發針。

2. 指發針法：前發針，後發針，左發針，右發針，上發針，下發針。

3. 氣發針法：前發針，後發針，左發針，右發針，上發針，下發針。

4. 針的大小區別和使用

5. 射擊的目標和擊敵部位

6. 截木針的練法

（二）少林梅花截木針技法說明

1. 手發針法

（1）前發針是發打射擊前邊的來敵，手攝一撮針，奔迎面撒去，或者一根兩根的發出，也可以三五根發打射擊。用合手打法，就是針尖從虎口前方的拇指和食指中間發射出，手心向下。

當然也可用迎手打法，即用左手心迎擊右手腕，碰擊發打射擊。打出時左右手用法一樣，出針都是手心向下，接迎之手心都是向上，主要射擊敵人眼目、鼻、咽喉、胸腹、期門、中臍、膝蓋、足面及襠部等處。

（2）後發針是發打射擊背後來敵，用偷手打法，右手攝針從左腋下向後發打，手心向內，或者左手攝針從右腋下向後發打，手心向裡。也可用摟手打法，單手攝針手腕向身後勾摟甩擊，手心向後，左手從左側向後勾摟甩擊，右手從右側向後勾摟甩擊，射向敵人。也可用反手打法，經肩頭上向後發打，反手射擊，手心斜向後，射背後攻來之敵。再者可用探手打法，從前方向下探手，經腿下向後發打射擊，手心斜向上。主要打敵人前面各穴位，頭面、胸腹、襠、兩膝、踝等處。

（3）左發針是發打射擊左邊來敵，可用左甩手法，左手發針向左側甩出，手心向前。也可用右回手打法，右手發打向左側回手射擊，手心向後，打敵人迎面各穴，也可打敵人側邊穴位，如耳門、太陽、肩肘、腋肋、環跳、胯骨、膝外側、足三里、外踝骨等。

（4）右發針是發打射擊右邊來敵，可用右甩手打法，也可用左回手打法，發打射擊敵人，同左發針是相反的方向，發打射擊法和左發針一樣，重擊部位和左發針的穴位相同。

（5）上發針是發打射擊高處或上邊的敵人，可用甩手打法，手心向前，或者向左，再向內，向上甩出射擊。也可用抖手打法，用手向上送勁，腕肘臂肩同時用力抖勁，把針直接發打射向上方。手心向前或者斜向前，主要擊高處敵人的襠、肚腹、尾尖、腋下、後腦、頭面、咽喉等處。

（6）下發針是發打射擊低處和下面攻來的敵人，可以用合手打法，或用迎手打法，手心斜向下，或者斜向內，向下發打射擊敵人頭頂、肩井、上星、耳部、眼部等處。

2. 指發針法

193

（1）前發針是發打射擊前面的來敵，大拇指和食指攝針，針尖向前，一根兩根，至三根五根，向前合手發打，手心斜向前。用迎手打法，手心斜向前。另外可用魁星點元法，拇食二指或者拇、食、中三指攝針，針尖向後，用合手打法和迎手打法，手心斜向前，發打射擊敵人，主要擊打頭面、胸腹、腿膝及足面等處。

（2）後發針是發打射擊背後的來敵，用偷手打法，手心向內，經逆側腋下向後發打射擊來敵，主要擊頭面、兩耳、胸腹、襠部、膝蓋及腿部等處。

（3）左發針是發打射擊左側的來敵，用左甩手打法，手心向前，或者用右回手打法，右手心向後，也可用魁星點元法，右手心向左，射擊左面敵人的頭面、胸腹、襠、腿膝或敵人側面的耳部、太陽、肩肘、胯側、腿外側等處。

（4）右發針是發打射擊右面的來敵，和左面的打法方向相反，手法和發射法相同。

（5）上發針向上發打射擊高處和上面的來敵，用甩手打法，手心向前，或迎手打法手心斜向前，也可用合手打法，手心向前，射擊上面或高處敵人的襠部、尾尖、胸腹、面部等處。

（6）下發針，向下發射擊低處和下面的來敵，多用合手打法和迎手打法，手心向下，或者用魁星點元法，手心向下，射擊下面的敵人，主點射頭頂、肩井、耳部等處。

以上是手發針和指發針，這兩種方法多用大中兩種型號的針，便於手和指發打射擊。

194

下邊講氣發小型號針的方法，因氣發針很近，針大難摧，所以小號針較為適宜。

3. 氣發針法

（1）前發針是將針放在口唇當中，針尖向外，可用一根、或三五根，也可多用數根或十幾根，含口唇之間用丹田氣噴出，射擊敵人面門、胸腹、咽喉等處。

（2）後發針是發射擊打背後來敵，兩唇含針向後側擺頭，奔敵人面門和胸部，吐氣噴出，射擊敵人，多用於撤身橫步誘敵作敗，回頭襲擊敵人，敗中取勝。

（3）左發針是發射左側的敵人，口唇含針，向左擺頭，奔敵人面門胸腹，耳部咽喉等處，吐氣噴出，用於橫步撤身，發打射擊。

（4）右發針是發射擊打右側來敵，它和左側發針方向相反，發打射擊的用法，用左發針，唯交替轉換使用，即可同樣見效。

（5）上發針是發射擊打高處和上面的來敵，口唇含針，針尖向外，奔上面敵人的小腹、襠部、尾尖、面部、胸腹各穴位，吐氣噴出，也可倒地作敗，敵人要來按我時，向上噴射擊敵面部，敗中取勝。

（6）下發針是射擊下邊或低處來犯之敵，口唇含針，奔敵人頭頂，肩井等處吐氣噴射，擊退敵人。

4. 針的大小區別和使用

針有大號，是用手攝一根，或一撮，再者幾根，需大力量才能射出，最遠者 20 步左右可以得中。中號針是用手指攝一根，或者數根，用中等力量即可發射出來，多者 12 步左右，可取得效果。小號針是用氣摧發射，一根或者數根，放在口唇上，用丹田吐氣向外噴射發出，多者也不過 5 步至 7 步，能見效果。大針能射遠，小針能射近防身，中號針能對敵作戰，各有特色。

5. 射擊的目標和擊敵部位

射擊敵人之前，要選擇一定的目標和部位，射敵人上方、中部、側邊等，都要有預定的目標和計劃，用那種打法射敵方為合適，必須先有明確的目標。

再者就是部位，如上方頭部的眼、耳、鼻、咽、後腦等。中部側邊、胸腹、肋部、肘肩、後心腰背等。下邊；胯襠、膝腿、踝、足面、尾尖等處，這些都要事先預定，如此才能取得最佳的射擊效果。

6. 截木針的練法

用桐木板一塊，高一公尺半左右，寬 40 公分，在上畫一人形，距離 3 步遠發射擊打板上人形；或者離一步遠，用氣噴發摧針射擊，每天 3 次早午晚按時練習，一次各發射100 至 150 針，練 3 個月後如果針不落地，都能擊中人形，可以再移遠 5 步，這樣需經過 5 年時間，可以手發針射擊18 至 20 步，指發針射擊 10 至 12 步，氣發摧針射擊 5 至 7步。要堅持不斷的練習，並且漸漸縮小人形，由人大的目標，慢慢變為銀杏大的目標，能個個打準，針針不落空，要苦下 10 年至 12 年的苦功，方能成功。

少林武師孟凡杰曰：

金針練法並非凡，練習此藝苦又難。

早午晚間一日三，每天練法三百三。

金針穿過寸木板，苦功需下十五年。

學會少林截木針，遊遍乾坤護身邊。

十二、少林飛鏢刀

（一）少林飛鏢刀簡介

飛鏢刀帶有三尖，形似月牙，遠出唐代，宋代時傳入少林寺。經元、明、清歷代高僧子安、洪榮、同梁、玄志、靜紹、靜樂等，經常研練流傳至今，成為少林飛鏢刀。刀的尺寸，長6寸、寬3寸，是兩邊有利刃的刀形暗器，有1支、3支、7支、9支和13支等。

少林飛鏢刀在寺內供寺僧研練防身，對付盜賊和搶劫財產的歹徒；雲遊八方募化外地，可以隨意攜帶，懲治攔路劫奪的賊匪，是少林暗器中的一種。它和燕子鏢、燕尾鏢、飛鏢等用法大致一樣，但效果卻另有特色。

少林飛鏢刀的技法主要有：甩手打、挑手打、偷手打、探手打、摟手打、點手打、反手打、回手打等。可以左右手發打，雙手也可以齊發射擊。

靜紹法師曰：

少林飛鏢三尖刀，攜帶身中其玄妙。

二指攝刀手一甩，形似紫燕奔窩巢。

吹毛利刃尖又快，前後左右敵難逃。

學會少林飛鏢刀，走遍天下稱英豪。

1. 歌 訣

發打鏢刀需認真，前後左右敵難進。

上打咽喉下打陰，中打兩肋和當心。

下打兩踝兩膝蓋，擊中後腦走真魂。

初打眼目和鼻耳，再打命門並尾根。

邊打環跳足三里，後打委中玉枕庭。

敵如來手脈門打，敵人硬抓射勞宮。

敵如抬腿踝骨打，敵來踢我射中封。

敵如舉臂肘尖打，敵若擒身奔肩井。

專打敵人要穴位，總有真功也膽驚。

先師授給飛刀法，遊走八方應用靈。

2. 動作順序

1. 前面打鏢法
2. 後面打鏢法
3. 左面打鏢法
4. 右面打鏢法
5. 上面打鏢法
6. 下面打鏢法
7. 少林飛鏢刀練法
8. 少林飛鏢刀特點

（二）少林飛鏢刀技法說明

1. 前面打鏢法

（1）合手打法：拇指和食指攝住鏢刀尖，或者拇食中三指攝刀尖，屈肘揚手，手心向前，然後指、腕、臂、肘、肩協同用力，向前方送勁猛抖，手心向下，撒開鏢刀向前飛出，奔預定目標。

（2）**迎手打法**：拇食中三指攝住鏢刀尖，揚手向前方送勁，右手心向下，再用左手心迎擊右手腕部，左手心向上，右手撒放鏢刀向前飛出，奔預定目標。

（3）**甩手打法**：拇、食、中三指攝住鏢刀尖，向前方用力斜甩，手心向左，奔預定方向射擊。

2. 後面打鏢法

（1）**摟手打法**：拇、食、中三指攝住鏢刀尖，經身右側，向後反腕，手心向上，用力勾摟甩勁，撒手飛出鏢刀，奔身後預定方向射擊，左手向後打法相同。

（2）**偷手打法**：拇、食、中三指攝住鏢刀尖，經左腋下，向後猛力勾腕甩出，手心向內，發出鏢刀，奔預定方向射擊。左手發鏢經右腋下向後發打，用法相同。

199

（3）**反手打法**：拇、食、中三指攝住鏢刀尖，屈肘經肩頭上方，向後屈腕抖手，手心斜向後，撒手發出鏢刀，奔預定方向射擊。也可以經左肩頭上方，向後方射擊。左手發打與右手方法相同。

3. 左面打鏢法

（1）**回手打法**：拇、食、中三指攝住鏢刀尖，向左側屈肘猛力送勁扣打，手心向內，撒手發出鏢刀，射向左側預定目標。左手發鏢打右側方向，雙手用法相同。

（2）**合手打法**：拇、食、中三指攝住鏢刀尖，向左屈肘揚手，然後直腕送勁發打，撒出鏢刀奔預定方向射擊。左手發鏢奔右側射擊，兩手用法相同。

（3）**迎手打法**：拇、食、中三指攝住鏢刀尖，向左屈肘揚手,然後直腕送勁,手心向左,速出左手心迎擊右手腕,兩手相互碰勁,右手撒出鏢刀射向左側預定目標。如果左手發鏢,可用右手迎擊,兩手用法相同。

4. 右面打鏢法

（1）**甩手打鏢法**：拇、食、中三指攝住鏢刀尖,向右側用力甩手撒出,手心向前,鏢刀奔右側預定目標射擊,左手發鏢也可甩向左側,兩手用法一樣。

（2）**摟手打法**：拇、食、中三指攝住鏢刀尖,向前身旋腕,忽後迅速向右下側外翻,勾摟送勁,手心向右,撒手飛射出鏢刀,奔右側預定方向射擊。左手也可向左側摟手發射,用法與右手相同。

200

5. 上面打鏢法

（1）**甩手打法**：拇、食、中三指攝住鏢刀尖,向上揚手用力撒出鏢刀,奔上面敵人甩手射擊,左右手用法相同。當然也可以雙手同時甩打射擊。

（2）**回手打法**：手指攝刀尖,屈肘向上猛力撒鏢刀,手心向上,奔上面目標打去。左手用法於右手相同。

6. 下面打鏢法

（1）**合手打法**：手指攝鏢刀尖,向下抖腕發出,手心向下,奔下面目標射擊。左手用法和右手一樣。

（2）**迎手打法**：三指攝鏢,向下送勁,手心向下,左手在下迎擊右手腕,手心向上,相互碰擊,撒出鏢刀,奔下面預定目標射擊,如左手發鏢可用右手迎擊,兩手用法相同。

7. 少林飛鏢刀練法

飛鏢刀和飛刀的練法大致相同，用桐木板一塊，上面用筆畫上人大的圓圈，每天早午晚三次發打，用各種打法，每次射擊 300 鏢刀，由距離一兩步，漸漸移至 5 至 7 步，經過 6 年後，圓圈縮小如銀杏大，距離移至 20 步時，鏢刀不落空，百發百中，即算小成。

但此時不要停滯不前，還要繼續苦練，雙手齊發，如 20 步打玄香不漏，即可萬無一失。

8. 少林飛鏢刀特點

飛鏢刀與其它鏢有些不同，因輕便宜帶，鋒利無比，發射出以後，殺傷力強，驚心動魄。飛鏢刀則難以招架，因三尖五刃，無法伸手接抓，沾上即皮破血流。

一般的鏢頭有尾，好接好拿，也好防，而這是它與眾鏢不同的地方。

大展出版社有限公司
品冠文化出版社

圖書目錄

地址：台北市北投區（石牌）　　電話：（02）28236031
　　　致遠一路二段 12 巷 1 號　　　　　28236033
郵撥：01669551＜大展＞　　　傳真：（02）28272069

・生 活 廣 場・品冠編號 61

1.	366 天誕生星	李芳黛譯	280 元
2.	366 天誕生花與誕生石	李芳黛譯	280 元
3.	科學命相	淺野八郎著	220 元
4.	已知的他界科學	陳蒼杰譯	220 元
5.	開拓未來的他界科學	陳蒼杰譯	220 元
6.	世紀末變態心理犯罪檔案	沈永嘉譯	240 元
7.	366 天開運年鑑	林廷宇編著	230 元
8.	色彩學與你	野村順一著	230 元
9.	科學手相	淺野八郎著	230 元
10.	你也能成為戀愛高手	柯富陽編著	220 元
11.	血型與十二星座	許淑瑛編著	230 元
12.	動物測驗—人性現形	淺野八郎著	200 元
13.	愛情、幸福完全自測	淺野八郎著	200 元
14.	輕鬆攻佔女性	趙奕世編著	230 元
15.	解讀命運密碼	郭宗德著	200 元
16.	由客家了解亞洲	高木桂藏著	220 元

・女醫師系列・品冠編號 62

1.	子宮內膜症	國府田清子著	200 元
2.	子宮肌瘤	黑島淳子著	200 元
3.	上班女性的壓力症候群	池下育子著	200 元
4.	漏尿、尿失禁	中田真木著	200 元
5.	高齡生產	大鷹美子著	200 元
6.	子宮癌	上坊敏子著	200 元
7.	避孕	早乙女智子著	200 元
8.	不孕症	中村春根著	200 元
9.	生理痛與生理不順	堀口雅子著	200 元
10.	更年期	野末悅子著	200 元

・傳統民俗療法・品冠編號 63

1.	神奇刀療法	潘文雄著	200 元

2. 神奇拍打療法	安在峰著	200元
3. 神奇拔罐療法	安在峰著	200元
4. 神奇艾灸療法	安在峰著	200元
5. 神奇貼敷療法	安在峰著	200元
6. 神奇薰洗療法	安在峰著	200元
7. 神奇耳穴療法	安在峰著	200元
8. 神奇指針療法	安在峰著	200元
9. 神奇藥酒療法	安在峰著	200元
10. 神奇藥茶療法	安在峰著	200元
11. 神奇推拿療法	張貴荷著	200元
12. 神奇止痛療法	漆　浩　著	200元

・彩色圖解保健・ 品冠編號 64

1. 瘦身	主婦之友社	300元
2. 腰痛	主婦之友社	300元
3. 肩膀痠痛	主婦之友社	300元
4. 腰、膝、腳的疼痛	主婦之友社	300元
5. 壓力、精神疲勞	主婦之友社	300元
6. 眼睛疲勞、視力減退	主婦之友社	300元

・心　想　事　成・ 品冠編號 65

1. 魔法愛情點心	結城莫拉著	120元
2. 可愛手工飾品	結城莫拉著	120元
3. 可愛打扮 & 髮型	結城莫拉著	120元
4. 撲克牌算命	結城莫拉著	120元

・少　年　偵　探・ 品冠編號 66

1. 怪盜二十面相	（精）	江戶川亂步著	特價 189元
2. 少年偵探團	（精）	江戶川亂步著	特價 189元
3. 妖怪博士	（精）	江戶川亂步著	特價 189元
4. 大金塊	（精）	江戶川亂步著	特價 230元
5. 青銅魔人	（精）	江戶川亂步著	特價 230元
6. 地底魔術王	（精）	江戶川亂步著	特價 230元
7. 透明怪人	（精）	江戶川亂步著	特價 230元
8. 怪人四十面相	（精）	江戶川亂步著	特價 230元
9. 宇宙怪人	（精）	江戶川亂步著	特價 230元
10. 恐怖的鐵塔王國	（精）	江戶川亂步著	特價 230元
11. 灰色巨人	（精）	江戶川亂步著	特價 230元
12. 海底魔術師	（精）	江戶川亂步著	特價 230元
13. 黃金豹	（精）	江戶川亂步著	特價 230元
14. 魔法博士	（精）	江戶川亂步著	特價 230元

·熱 門 新 知· 品冠編號 67

法律專欄連載· 大展編號 58

台大法學院　　　法律學系／策劃
法律服務社／編著

·武 術 特 輯· 大展編號 10

・原地太極拳系列・大展編號 11

2.	龍虎丹道：道教內丹術	郝勤 著	300 元
3.	天上人間：道教神仙譜系	黃德海著	250 元
4.	步罡踏斗：道教祭禮儀典	張澤洪著	250 元
5.	道醫窺秘：道教醫學康復術	王慶餘等著	250 元
6.	勸善成仙：道教生命倫理	李 剛著	250 元
7.	洞天福地：道教宮觀勝境	沙銘壽著	250 元
8.	青詞碧簫：道教文學藝術	楊光文等著	250 元
9.	沈博絕麗：道教格言精粹	朱耕發等著	250 元

・易 學 智 慧・大展編號 122

1.	易學與管理	余敦康主編	250 元
2.	易學與養生	劉長林等著	300 元
3.	易學與美學	劉綱紀等著	300 元
4.	易學與科技	董光壁著	280 元
5.	易學與建築	韓增祿著	280 元
6.	易學源流	鄭萬耕著	280 元
7.	易學的思維	傅雲龍等著	250 元
8.	周易與易圖	李 申著	250 元
9.	易學與佛教	王仲堯著	元

・神 算 大 師・大展編號 123

1.	劉伯溫神算兵法	應 涵編著	280 元
2.	姜太公神算兵法	應 涵編著	280 元
3.	鬼谷子神算兵法	應 涵編著	280 元
4.	諸葛亮神算兵法	應 涵編著	280 元

・命 理 與 預 言・大展編號 06

1.	12 星座算命術	訪星珠著	200 元
2.	中國式面相學入門	蕭京凌編著	180 元
3.	圖解命運學	陸明編著	200 元
4.	中國秘傳面相術	陳炳崑編著	180 元
5.	13 星座占星術	馬克・矢崎著	200 元
6.	命名彙典	水雲居士編著	180 元
7.	簡明紫微斗術命運學	唐龍編著	220 元
8.	住宅風水吉凶判斷法	琪輝編譯	180 元
9.	鬼谷算命秘術	鬼谷子著	200 元
10.	密教開運咒法	中岡俊哉著	250 元
11.	女性星魂術	岩滿羅門著	200 元
12.	簡明四柱推命學	呂昌釧編著	230 元
13.	手相鑑定奧秘	高山東明著	200 元
14.	簡易精確手相	高山東明著	200 元

59. 實用八字命學講義	姜威國著	280元
60. 斗數高手實戰過招	姜威國著	280元
61. 星宿占星術	楊鴻儒譯	220元
62. 現代鬼谷算命學	維湘居士編著	280元
63. 生意興隆的風水	小林祥晃著	220元
64. 易學：時間之門	辛 子著	220元
65. 完全幸福風水術	小林祥晃著	220元
66. 婚課擇用寶鑑	姜威國著	280元
67. 2小時學會易經	姜威國著	250元
68. 綜合易卦姓名學	林虹余著	200元

・秘傳占卜系列・ 大展編號 14

1. 手相術	淺野八郎著	180元
2. 人相術	淺野八郎著	180元
3. 西洋占星術	淺野八郎著	180元
4. 中國神奇占卜	淺野八郎著	150元
5. 夢判斷	淺野八郎著	150元
6. 前世、來世占卜	淺野八郎著	150元
7. 法國式血型學	淺野八郎著	150元
8. 靈感、符咒學	淺野八郎著	150元
9. 紙牌占卜術	淺野八郎著	150元
10. ESP 超能力占卜	淺野八郎著	150元
11. 猶太數的秘術	淺野八郎著	150元
12. 新心理測驗	淺野八郎著	160元
13. 塔羅牌預言秘法	淺野八郎著	200元

・趣味心理講座・ 大展編號 15

1. 性格測驗（1） 探索男與女	淺野八郎著	140元
2. 性格測驗（2） 透視人心奧秘	淺野八郎著	140元
3. 性格測驗（3） 發現陌生的自己	淺野八郎著	140元
4. 性格測驗（4） 發現你的真面目	淺野八郎著	140元
5. 性格測驗（5） 讓你們吃驚	淺野八郎著	140元
6. 性格測驗（6） 洞穿心理盲點	淺野八郎著	140元
7. 性格測驗（7） 探索對方心理	淺野八郎著	140元
8. 性格測驗（8） 由吃認識自己	淺野八郎著	160元
9. 性格測驗（9） 戀愛知多少	淺野八郎著	160元
10. 性格測驗（10） 由裝扮瞭解人心	淺野八郎著	160元
11. 性格測驗（11） 敲開內心玄機	淺野八郎著	140元
12. 性格測驗（12） 透視你的未來	淺野八郎著	160元
13. 血型與你的一生	淺野八郎著	160元
14. 趣味推理遊戲	淺野八郎著	160元
15. 行為語言解析	淺野八郎著	160元

42. 隨心所欲瘦身冥想法　　　　原久子著　180元
43. 胎兒革命　　　　　　　　　鈴木丈織著　180元
44. NS磁氣平衡法塑造窈窕奇蹟　古屋和江著　180元
45. 享瘦從腳開始　　　　　　　山田陽子著　180元
46. 小改變瘦4公斤　　　　　　宮本裕子著　180元
47. 軟管減肥瘦身　　　　　　　高橋輝男著　180元
48. 海藻精神秘美容法　　　　　劉名揚編著　180元
49. 肌膚保養與脫毛　　　　　　鈴木真理著　180元
50. 10天減肥3公斤　　　　　　彤雲編輯組　180元
51. 穿出自己的品味　　　　　　西村玲子著　280元
52. 小孩髮型設計　　　　　　　李芳黛譯　　250元

·青春天地·大展編號17

1. A血型與星座　　　　　　柯素娥編譯　160元
2. B血型與星座　　　　　　柯素娥編譯　160元
3. O血型與星座　　　　　　柯素娥編譯　160元
4. AB血型與星座　　　　　 柯素娥編譯　120元
5. 青春期性教室　　　　　　呂貴嵐編譯　130元
7. 難解數學破題　　　　　　宋釗宜編譯　130元
9. 小論文寫作秘訣　　　　　林顯茂編譯　120元
11. 中學生野外遊戲　　　　　熊谷康編著　120元
12. 恐怖極短篇　　　　　　　柯素娥編譯　130元
13. 恐怖夜話　　　　　　　　小毛驢編譯　130元
14. 恐怖幽默短篇　　　　　　小毛驢編譯　120元
15. 黑色幽默短篇　　　　　　小毛驢編譯　120元
16. 靈異怪談　　　　　　　　小毛驢編譯　130元
17. 錯覺遊戲　　　　　　　　小毛驢編著　130元
18. 整人遊戲　　　　　　　　小毛驢編著　150元
19. 有趣的超常識　　　　　　柯素娥編譯　130元
20. 哦！原來如此　　　　　　林慶旺編譯　130元
21. 趣味競賽100種　　　　　劉名揚編譯　120元
22. 數學謎題入門　　　　　　宋釗宜編譯　150元
23. 數學謎題解析　　　　　　宋釗宜編譯　150元
24. 透視男女心理　　　　　　林慶旺編譯　120元
25. 少女情懷的自白　　　　　李桂蘭編譯　120元
26. 由兄弟姊妹看命運　　　　李玉瓊編譯　130元
27. 趣味的科學魔術　　　　　林慶旺編譯　150元
28. 趣味的心理實驗室　　　　李燕玲編譯　150元
29. 愛與性心理測驗　　　　　小毛驢編譯　130元
30. 刑案推理解謎　　　　　　小毛驢編譯　180元
31. 偵探常識推理　　　　　　小毛驢編譯　180元
32. 偵探常識解謎　　　　　　小毛驢編譯　130元
33. 偵探推理遊戲　　　　　　小毛驢編譯　180元

34. 趣味的超魔術	廖玉山編著	150元
35. 趣味的珍奇發明	柯素娥編著	150元
36. 登山用具與技巧	陳瑞菊編著	150元
37. 性的漫談	蘇燕謀編著	180元
38. 無的漫談	蘇燕謀編著	180元
39. 黑色漫談	蘇燕謀編著	180元
40. 白色漫談	蘇燕謀編著	180元

·健 康 天 地·大展編號 18

1. 壓力的預防與治療	柯素娥編譯	130元
2. 超科學氣的魔力	柯素娥編譯	130元
3. 尿療法治病的神奇	中尾良一著	130元
4. 鐵證如山的尿療法奇蹟	廖玉山譯	120元
5. 一日斷食健康法	葉慈容編譯	150元
6. 胃部強健法	陳炳崑譯	120元
7. 癌症早期檢查法	廖松濤譯	160元
8. 老人痴呆症防止法	柯素娥編譯	170元
9. 松葉汁健康飲料	陳麗芬編譯	150元
10. 揉肚臍健康法	永井秋夫著	150元
11. 過勞死、猝死的預防	卓秀貞編譯	130元
12. 高血壓治療與飲食	藤山順豐著	180元
13. 老人看護指南	柯素娥編譯	150元
14. 美容外科淺談	楊啟宏著	150元
15. 美容外科新境界	楊啟宏著	150元
16. 鹽是天然的醫生	西英司郎著	140元
17. 年輕十歲不是夢	梁瑞麟譯	200元
18. 茶料理治百病	桑野和民著	180元
20. 杜仲茶養顏減肥法	西田博著	170元
21. 蜂膠驚人療效	瀨長良三郎著	180元
22. 蜂膠治百病	瀨長良三郎著	180元
23. 醫藥與生活	鄭炳全著	180元
24. 鈣長生寶典	落合敏著	180元
25. 大蒜長生寶典	木下繁太郎著	160元
26. 居家自我健康檢查	石川恭三著	160元
27. 永恆的健康人生	李秀鈴譯	200元
28. 大豆卵磷脂長生寶典	劉雪卿譯	150元
29. 芳香療法	梁艾琳譯	160元
30. 醋長生寶典	柯素娥譯	180元
31. 從星座透視健康	席拉·吉蒂斯著	180元
32. 愉悅自在保健學	野本二士夫著	160元
33. 裸睡健康法	丸山淳士等著	160元
34. 糖尿病預防與治療	藤山順豐著	180元
35. 維他命長生寶典	菅原明子著	180元

·實用女性學講座· 大展編號 19

·校園系列· 大展編號 20

・養 生 保 健・大展編號 23

21. 簡明氣功辭典	吳家駿編	360元
22. 八卦三合功	張全亮著	230元
23. 朱砂掌健身養生功	楊永著	250元
24. 抗老功	陳九鶴著	230元
25. 意氣按穴排濁自療法	黃啟運編著	250元
26. 陳式太極拳養生功	陳正雷著	200元
27. 健身祛病小功法	王培生著	200元
28. 張式太極混元功	張春銘著	250元
29. 中國璇密功	羅琴編著	250元
30. 中國少林禪密功	齊飛龍著	200元
31. 郭林新氣功	郭林新氣功研究所	400元
32. 太極 八卦之源與健身養生	鄭志鴻等著	280元

·社會人智囊· 大展編號24

1. 糾紛談判術	清水增三著	160元
2. 創造關鍵術	淺野八郎著	150元
3. 觀人術	淺野八郎著	200元
4. 應急詭辯術	廖英迪編著	160元
5. 天才家學習術	木原武一著	160元
6. 貓型狗式鑑人術	淺野八郎著	180元
7. 逆轉運掌握術	淺野八郎著	180元
8. 人際圓融術	澀谷昌三著	160元
9. 解讀人心術	淺野八郎著	180元
10. 與上司水乳交融術	秋元隆司著	180元
11. 男女心態定律	小田晉著	180元
12. 幽默說話術	林振輝編著	200元
13. 人能信賴幾分	淺野八郎著	180元
14. 我一定能成功	李玉瓊譯	180元
15. 獻給青年的嘉言	陳蒼杰譯	180元
16. 知人、知面、知其心	林振輝編著	180元
17. 塑造堅強的個性	阪上肇著	180元
18. 為自己而活	佐藤綾子著	180元
19. 未來十年與愉快生活有約	船井幸雄著	180元
20. 超級銷售話術	杜秀卿譯	180元
21. 感性培育術	黃靜香編著	180元
22. 公司新鮮人的禮儀規範	蔡媛惠譯	180元
23. 傑出職員鍛鍊術	佐佐木正著	180元
24. 面談獲勝戰略	李芳黛譯	180元
25. 金玉良言撼人心	森純大著	180元
26. 男女幽默趣典	劉華亭編著	180元
27. 機智說話術	劉華亭編著	180元
28. 心理諮商室	柯素娥譯	180元
29. 如何在公司崢嶸頭角	佐佐木正著	180元

・精 選 系 列・大展編號 25

・運 動 遊 戲・大展編號 26

・休 閒 娛 樂・大展編號 27

·銀髮族智慧學· 大展編號 28

·飲 食 保 健· 大展編號 29

・快樂健美站・ 大展編號302

·超經營新智慧· 大展編號 31

·理 財、投 資· 大展編號 312

·成 功 秘 笈· 大展編號 313

·親 子 系 列· 大展編號 32

·雅 致 系 列· 大展編號 33

國家圖書館出版品預行編目資料

少林護身暗器秘傳╱素法　德虔　德炎　德皎　編著
　　──初版，──臺北市，大展，2003〔民92〕
　　面；21公分，──（少林功夫；5）
　　ISBN 957-468-219-6（平裝）

1. 武術─中國　2. 兵器─中國

528.975　　　　　　　　　　　　　　92006514

北京體育大學出版社授權中文繁體字版

少林護身暗器秘傳

ISBN 957-468-219-6

編 著 者／素法　德虔　德炎　德皎

責任編輯／李　　飛

發 行 人／蔡森明

出 版 者／大展出版社有限公司

社　　址／台北市北投區（石牌）致遠一路2段12巷1號

電　　話／（02）28236031‧28236033‧28233123

傳　　眞／（02）28272069

郵政劃撥／01669551

E-mail／dah_jaan@pchome.com.tw

登 記 證／局版臺業字第2171號

承 印 者／高星印刷品行

裝　　訂／協億印製廠股份有限公司

排 版 者／弘益電腦排版有限公司

初版1刷／2003年（民92年）6月

定　價／220元

大展好書　好書大展
品嘗好書　冠群可期